新・宇宙チルドレン

インディゴチルドレンという
愛と光の戦士たち

たいわ士
南山みどり［著］

医学博士・池川クリニック院長
池川明［解説］

ビジネス社

新版まえがき　自分をあきらめない

本書を手に取ってくださってありがとうございます。

二〇〇九年一二月二四日に『宇宙チルドレン』が出版されたときの感動を思うと、いまも感謝で胸がいっぱいになります。後述しますが、本書は日本人に対応したスターチャイルドの本として数多くの反響があったとうかがっております。「まるで自分のことが書かれているようです」「よくこのような本を出版してくださいました」とありがたいご感想や励ましのお言葉をたくさんいただきました。

その後の二〇一一年三月一一日に東日本大震災が起こりました。最大震度7の東北地方太平洋沖地震にともなって発生した津波やその後の余震によって引き起こされた大規模災害によって、日本でも有数の美しい景観と豊かな自然、農産物・海産物が豊富な東北地方を中心に関東地方でも甚大な被害を受けました。同時に福島第一原子力発電所事故が起こり、さらに爆発をするのではないのかという不安に脅かされました。私たちがかつて経験をしたことのない悲惨な状況は、かけがえのない人や物を奪い、大きな喪失体験として心に深い傷跡を残しました。

テレビをはじめとするマスメディアやネット検索で事実を知ろうとしても、さまざまな情報が交錯していたり、情報コントロールによって真実が隠されて……何が本当で何が嘘《うそ》なのか、何を、誰を信じたらよいのかがわからなくなって、日本中が不安と恐怖に包まれました。

この震災の影響は日本だけにとどまらず、世界中に大きなショックや危機感を与え、あらためて生き方やあり方、それぞれの価値観が問われるようになりました。

震源地からずいぶん離れた、私の住んでいる横浜市でも地盤沈下や隆起をした場所があり、建物にひびが入ったり、倒壊したところもありました。

そのときに、旧版『宇宙チルドレン』を出版してくださったビジネス社の倉庫も水浸しの被害にあったそうです。そして、残念なことに倉庫にあった『宇宙チルドレン』もそのまま破棄をされてしまったのです。

それからさまざまな経緯を経て、『宇宙チルドレン』の内容を半分近く残した子育て・個育て（育児・育自）本として『わが子が育てづらいと感じたときに読む本』（ビジネス社）が出版されました。

ところが、インディゴチルドレンのことが広く知られるようになっていくにつれて、問題が生じてきました。

本やネットあるいはだれかに「お子さん（またはあなた）はインディゴです。素晴らしい存在です。あるがままを受け入れましょう」などと言われて、求めていた答えにたどり着いた気がして「やはりそうだった！」と腑《ふ》に落ちた気がしても……、「最初は自分がインディゴだとわかって、いままで求めていた答えが見つかった喜びで安心ができたのですが、そのうちになんとなく違和感を感じるようになってしまったのです。どうしたらよいのでしょうか？」と言われる方が増えてきたのです。

どのようにありのままのわが子を受け入れたらよいのか？　思い通りにならない状況や自分自身とどうかかわったらよいのか？「頭ではわかっていてもできない」状態に、苦しんだり困ってしまうのです。そして、すりかえたり、スルーをしたり、何も起こらなかった、または最初からなかったことにしてその場をしのぎながら生きていくのです。

カウンセラーなどの相談業務の専門家でも、クライアントや他の人には問題の指摘や素晴らしいアドバイスができ専門家としての知識はあっても、自分自身に必要なことを人に語ったり、それらを自分に対しては実践できずに困っておられる方が多くおられます。

知識が増えれば増えるほど、現実との違いを感じて悩みが増えていくことがあります。

たとえば、「子どもをほめて育てるほうがよい」ということはよく知られています。ところが、「ほめるどころか怒ってしまう。怒らないように努力すればするほど、怒るのをやめられなくなって、どなってしまう」その繰り返しに困っている方が多いのです。わかっていても実践・実行ができなくて困っているのですから、「やめなさい」「こうしたらよい」というような方法論を提示されても解決はできません。それでもどうしたらやめられるのか？　どうしたらできるようになるのか？　その方法を知りたいと願い、しかもできるだけ簡単に結果が得られる方法を望む方が多いのです。

現代は、すぐに結果を出すことが求められ、評価されるような時代ですが、がんばっても思い通りの結果が出せなかったときには、

①「なんでできなかった（失敗をした）んだ」と責めたり、「何をやってもどうせダメなんだ。自分なんか価値がない」と批判的になるよりも、

②起こったことの事実（結果）を認めて、

③「それをしてみようと思えたこと、そして行動に移せたことが素晴らしい」と思う。

④（さらに考える余裕があれば）どこをどうやっていたら、期待通りの結果を得られたのか？　をかえりみて次回に役立てる。

というような方法があります。

思い通りの結果が出なくて一番ガッカリして、悲しんでいるのは自分自身なのだと認めることが大切だと理解をしていただきたいのです。

がんばった自分を認めていく過程が、自責をやめるきっかけとなるのです。

結論を焦らずに、ゆっくり時間をかけて答えにたどり着いてもよいのではないでしょうか。子育ては、手をかけ、言葉や時間をかけ、お金をかけながら、その子のペースにあわせて教え育《はぐく》むものです。ありのままの存在を認めることは、子どもだ

けでなく大人にとっても大切なのです。

自らのありのままを認められると、自分以外の人も認められるようになるのです。知識や常識、自分で課した決まり事でがんじがらめになっている大人と違って、子どもの心は知識や常識がすりこまれていないので、無限の可能性を秘めています。子どもたちは、快・不快の感覚で過ごしており、話を聞いていないようで聞いています。感情や言葉は波動なので、瞬時にさまざまなことが察知できるのです。

親や大人が楽しみながらすることや喜ぶことには子どもは喜びを感じ、真似《まね》をします。反対に、怒りやコントロールには恐れや不安を抱き、抵抗をします。威圧的に育てられると、親の顔色を見ながら、怒られないように、怒らせないように……と保身を身につけ、状況や環境に適応をしながら過ごします。

自分にとって都合の悪いことは「うるさいな」「めんどくさいな」「またやってしまった」「やっぱりダメだ。できない」などの理由をつけたり、感覚や感情をマヒさせて自己防衛をしながらその場を過ごすのです。その結果、無気力・無関心の子どもが増えていくのです。

最近の若者は物事を考えずに無気力だと言われだしてからどのくらい経《た》ったでし

ょうか……？　指示待ちで自ら進んで行動をしない若者が増えた理由のひとつに、思い通りの結果が出なかったり、うまくいかなかった場合に、叱《しか》られたくない、責任を取りたくないという気持ちがあるからです。最初から何もしなければ、できなくても怒られることはないからです。

講演会やセッションでこのような話題に触れると、自分やわが子がそうだと同意をされたり、同じような問題で困っている方が必ずおられます。

そして、いまだに『宇宙チルドレン』が多くの人に求められ、読まれていることも知りました。

古本屋さんを何軒も探したり、ネット検索をしてくださったという話も聞いています。最近になってからも多くの方から購入のリクエストをいただくのですが、私の手元にも1冊しかなく、お譲りできずに困っておりましたところ、ビジネス社の唐津隆社長から新版出版のお声掛けをいただきました。

うれしくてありがたくて……唐津氏には深く感謝をしております。

ところで、ここからは私たちが存在をするということについて、私の思いをお伝えします。

多くの奇跡が重なって、お母さんのお腹に皆さんの命が宿って、それがどんな状態であっても、お母さんが望んでくれたから生まれてこられたのです。もしお母さんが望まなければ、その命は生まれてこられずに、今日ここに生きていることもできません。ですから親を愛さない子どもはひとりもいないのです。子どもたちが望むのは笑顔です。自分が生まれることによって親が喜んでくれるに違いないと思って生まれてきます。

ところが悲しい心の行き違いで、親子ゆえの確執を生みだしてしまうのです。子どもの頃の私は、いいえ成長してからも親に認めてほしくて、受け入れてほしいと思っていました。それがかなわないと、反発をしたり、ケンカをしたり親をためす行動をしながら……悲しくて情けなくて悔しくて切ない思いをたくさんしました。

ずいぶん後に、「両親もありのままを受け入れて育てられてこなかったので、私が望んだ育て方がわからなかったのだ」と理解できたときには愕然《がくぜん》としました。驚きよりも失われた心や時間、私の人生を取り戻したい！　と悔やみました。ところが、過去のやり直しはできないのです。悔しくて切なかったのを覚えています。

それでも過ぎ去った時間は取り戻せないけれど、「いま、ここからできることを、したいことを始めればいい」と思えたときから、本来望んでいた人生が始まりました。それでもあっちにぶつかり、こっちでつまずいて、すべって転んで……泣いたり落ち込んだりしながらも、私の人生を私が選んで、人生に責任をもって生きていけるので、こんなに幸せなことはないと思えたのです。

本書は「たいわ学」の教科書としても使えるように、私が「たいわ」や「たいわ士育成講座」でお伝えしている「自分自身を大切に丁寧に扱うこと。自分の想《おも》いをあきらめないで、自分を助けて、自分自身の味方になる。どうしたらよいのか迷ったら、笑顔になるほうや楽しいと思えるほうを選ぶ」という基本的なことが書かれています。

そしてインディゴチルドレンのためだけではなく、すべての生きづらい人への贈り物として、本文中の「インディゴチルドレン」という言葉を、思い通りにならない（または扱いにくい）自分自身に置き換えて、ご自身を認めて、理解して、ありのままを受け入れるきっかけとして読んでいただけると幸いです。

感謝とともに

南山みどり

はじめに　あなたはあなたのままでいい

生まれたとき、私は「この人生は失敗だ」と感じました。「早く終わりにして、次の人生をやり直したい」とさえ思ったのを覚えています。

子どもの頃の記憶をたどっていくと、思い出せるかぎり、いつもさみしくて孤独で、どこにも居場所がなくてさまよっていた気がします。根拠もないのに、「**私には使命があり、特別な存在だ**」と確信していて、だれよりも自尊心が高くて、命令をされるのが嫌いでした。「どこから来てどこへ行くのか」「なぜ生きているのか」そして居場所を見いだせずに、覚えているはずなのに……自分が何者かを思い出すことができず、居場所を見いだせずに、苛立《いらだ》ち、悲しんでいました。

生きるのがしんどくて、自分は存在するに値しない、自分を抹消してしまいたい、消えてしまいたい……、といつも思っていました。すべてを知っているはずなのに思い出せず、つらい日々を過ごしていました。

両親や周りからは、がんこで一度言い出したら言うことを聞かない、わがままなトラブルメーカーと言われていました。早熟で変わった子だと思われていたようです。

わかっていることや感じていることを正直に話すと**「生意気だ」「一言多い」「よけいなことを言うな」「嘘をつくな」**と、叱《しか》られました。

いつの間にか本音を話せなくなって、だれかといても、いつもさみしくて独りぼっち。だから、わかってもらいたい、わかりあえる人に出会いたいと、必死でもがいていました。そして、信じては裏切られることの繰り返し……。

私の気持ちなんかだれにもわかってもらえないと思いつつ……「わかるわ」と言われると、そんなに簡単に、わかってたまるかと反発してしまうのでした。それでも、心のどこかでは、「いつかだれかにわかってもらえる」と信じ続けている。「さみしがり屋の孤独好き」だったのです。

自分を愛せないので、人も愛せずにいましたが、その頃は愛とは何なのか……愛の本質がわかっていなかったのです。

そのような事情もあって、私は子どもの頃から本が何冊も書けるくらい、ずっと波瀾万丈《はらんばんじょう》の人生を送ってきましたが、ある事件をきっかけとして二十一歳になったばかりの次男を自死（自殺）で亡くし、そのことが人生の大きな転機となりました。言葉に書くと簡単に表現できてしまいますが……悲しくて悔しくて悔やんでも悔やみきれない、次男を喪《うしな》ったことは言葉では言い表せない思いがあります。

彼は後天性てんかんという障がいをもち、二十歳を過ぎても薬を飲んでいました。障がい児をもつ親としても、情けなくて悔しい思いをたくさんしました。やっと薬と縁が切れて、これからというときに彼岸の彼方《かなた》に旅立ってしまったのです。

この出来事をきっかけに、愛や生きることの意味や生かされていることを学びました。そして、実体験から学んだことや、あらためて思い出した深い愛をもとに、占い、気功、整体などの仕事を始めライトワーカー（正しい行ないを伝え、地球や人々に愛の光を灯《とも》す人）としてのスタート切ったのでした。

さらに、**胎内記憶を研究し、子育てに興味深い提言をされている池川クリニックの池川明先生と出会ったことで、人生の新しい扉が開きました。**

ライトワーカーとして、カウンセラー、セラピスト、たいわ士（お腹の赤ちゃんやお空に還《かえ》った赤ちゃんとコミュニケーションをとりメッセージをお伝えする胎話、心身と対話をする体話・体和、いまの状態に耳を傾ける態和…心と体の調和をはかるお手伝いをする専門家）として、池川クリニックの院内プログラムに取り入れていただいたのです。ご出産をされた方へのセッションや子育てセラピーとたいわの二つの講座、母親学級も担当させていただきながら、生きづらさを感じて苦しんでいる方たちのお手伝いをするようになったのです。

さまざまな方と出会い、子育てやご自身の生きづらさや悩みのご相談を受けるうちに、私は「変わった」特徴のある子どもたちがいることに気がつきました。〝インディゴチルドレン〟と呼ばれる子どものことです。

また、傷つき、挫折《ざせつ》感にさいなまれている人の中に、「理解されず、傷ついたまま大人になったインディゴ」が多いことにも気づきました。

私自身も、早く生まれてきた先駆けのインディゴですが、悩んでいる方の中には、私がかつて経験したような思いを味わっている人たちが大勢いました。

だれかと理解しあい、わかりあえたとき、人は自分自身を認めて、優しい涙を流します。それは理屈ではなくて、たましいの叫びであり、喜びです。独りで苦しんでいないで、語りあい、共感しあう人や場が大切なのです。

わが子を「宇宙人のよう」と当惑している親御さんたちに、私は「ありのままのその子を認めてください」と、お願いしたいと思います。

そして、この世に、なぜか「なじめない」「居心地が悪い」と感じている人たちに、「同じ苦しみを味わっているのは、あなただけではありません」と伝えたいと思います。すべての人に、「あなたは独りぼっちではありません。独りで苦しまないでください」と言いたいのです。

そして「**生まれてくれてありがとう。あなたはあなたのままでいい**」と……。

かつての私は、知識も自信もありませんでした。そのためにすべって転んで、あちこちにぶつかって、大怪我《おおけが》をしながらの人生勉強はつらいものがありました。自責で苦しんでいるのにさらに自分を罰したり、何事も体験して学ばなくてはいけないと思っていたので、いつも体当たりの人生を送ってきました。試行錯誤の末に、やっとここまでたどり着いたというのが実感です。

何も起こらない人生はありませんし、何があってもなくても、どのような経験からも学べますし、起こった出来事を学びの糧《かて》にすることができます。そういう意味では失敗の人生なんてありません。けれど、**あえて苦行やいばらの道を歩かなくても、心の成長をとげることはできる**のです。

皆さんには、私と同じような悲しみや苦しみを繰り返してほしくない、自分を大切にしてほしいと思っています。

この本が「あなたはあなたのままでいい」という気づきの道を歩むためのヒントとなり、「生きづらさ」を抱えている人やわが子の「育てづらさ」に困惑している人の助けとなることを願っています。

南山　みどり

contents

contents

本書は２００９年12月に小社より刊行された『宇宙チルドレン』に大幅な加筆修正を行なった新版になります。

第1部

愛と光の戦士
“インディゴチルドレン”

インディゴチルドレンとは

私はごまかしがきかずに、瞬時に人の嘘《うそ》を見ぬいてしまう子どもたちを**「嘘発見器の子どもたち」**、そして自分自身をはっきりともち、繊細で、独特の感性や才能に恵まれているけれど、一生懸命になればなるほど自分も周囲も傷つけてしまうようなガラスの心をもつ子どもたちを**「ガラス細工の子どもたち」**と呼んでいます。

アメリカの超心理学者や精神世界に精通する一部の人たちからは、**「インディゴチルドレン」**といわれている子どもたちのことです。

彼らは、ガラス細工のようにきらきらと輝き、光とたわむれる、素晴らしく魅力的な子どもたちです。けれど、繊細であればあるほど接し方に注意が必要です。乱暴に扱うと、すぐに壊れてしまいます。そして同時に、飛び散った破片が周りの人たちを傷つけてしまうのです。

現代は、文明の転換期にあって、いままでの子育ての枠に当てはめられない、常識では考えられない**新しいタイプの子どもたちが増えてきています**。まずその事実を認めて、ひとりひとりにとってふさわしい子育てを見つけ出さなくてはなりません。ところが情報化社会といわれるわりに、本当に必要とされていることが、あまりにも知られていないという現実を、子育ての相談を受けるたびに感じています。

もちろん、育児書や早期教育などの情報は世の中にあふれかえっていますし、あらゆる習い事や学びの場があります。

けれど、残念なことに、わが子について書かれた本は一冊もなく、**「ありのままの子ども自身を認めて、受け入れながら、時間をかけて教え育《はぐく》む。自分も人も大切であることを体験させながら成長をする」**という基本的な視点が欠けているように思うのです。

子育てをしていると、途方にくれたり後悔をすることがたくさんあります。

とくに**「親は理解をしてくれない」**という思いを抱えながらもがまんをして、がんばってがんばって、耐えて、生きてきた人にとっては、何度言っても言うことを聞かず、やりたい放題だったり無視をしたり、反対に逆切れする子どもを理解できずに、受け入れられなかったり、向き合えなくなることがあります。「子どもの心がわかる親になりたい」と望みながら、傷ついた心をもてあましたまま、わが子にどう接したらいいのかわからずに悩んでいる人がたくさんいるのです。

子育ては、親として育てられていく道のりです。わが子が成長していく過程では、喜びだけでなく、そのときどきの課題にぶつかるのは当然なことなのです。ただし、子どもの個性の問題として、親がとくに「育てづらい」と感じるケースがありますが、最近ではほとんどのケースが「発達障がい」として片づけられてしまうことに、疑問を感じています。

インディゴチルドレンをはじめとして、育てにくいと感じる子どもや自分自身と向き合うための基本的な知識がないゆえに苦しんでいる人がたくさんおられるのです。

私のクライアント（ご相談にいらっしゃる方）や知人には、

「どのようにしたらよいのか、実践をする方法を知ってさえいれば、こんなにつらくなかった。私の経験を皆さんに話して、どうか役立ててください」

とおっしゃる方が珍しくありません。しかもインディゴチルドレンと向き合う術《すべ》を考えると、すべての子育て・個育てに共通する、大切なことがわかってくるのです。

インディゴチルドレンの特徴

アメリカの超心理学者ナンシー・アン・タッペが、インディゴブルー（藍《あい》色）のオーラをもつ、新しいタイプの子どもたちが増えていることに気づきました。

インディゴブルーは、透視力をつかさどるといわれる眉間《みけん》のチャクラ（第三の目）の色です。実際、そういう子どもたちは、見えないものを見抜く感性に恵まれていることもわかってきました。

アメリカでは、インディゴチルドレンに関する本が何冊も出版されています。インディゴについて最初に日本で翻訳された、『インディゴ・チルドレン』（リー・キャロル、ジャン・トーバー編著　ナチュラルスピリット刊）という本では、子どもたちの特性として以下の10点を挙げています。

1. インディゴは尊厳を漂わせながらこの世に生まれてくる（多くの場合、生まれた後もそのように振る舞う）。

2. 彼らには「自分は存在すべくして存在している」という気持ちがあり、他人にそれを理解されないと、気が動転してしまう。

3. 自己評価に重きを置かない。彼らはよく親に「自分はだれなのか」を語る。

4. 絶対的な（説明や選択の余地を与えない）権威を受け入れない。

5. 特定のことをあっさりと拒否する。たとえば、並んで待つことは彼らにはむずかしい。

6. 創造的思考を必要としない儀式的なシステムには、欲求不満をつのらせる。

7. 家庭でも学校でも、物事のよりよいやり方を見つけ出すので、「システムバ

スター」（いかなるシステムにも従わないもの）のように思われてしまう。

8. インディゴの仲間と一緒にいるとき以外は、非社交的であるようだ。自分に似たような意識の者が周囲にだれもいないと、しばしば内向的になり、だれからも理解してもらえないと感じる。そういう子どもたちにとって、学校生活は非常にむずかしくなる。

9. 罪悪感をもたせるような躾《しつ》け方、たとえば「そんなことをして、お父さんが帰ってきたら怒られるわよ」といったような説教をしても効果がない。

10. 自分が必要とすることは、臆《おく》することなく伝える。

とはいえ、『インディゴ・チルドレン』の原書はずいぶん前に書かれていますし、著者がアメリカ人ということもあり、日本人のインディゴには当てはまらないところも多く、宗教観や倫理観の異なる外国の考えをそのまま日本人にあてはめることに違和感を感じて日本のインディゴの本を書きたいと思ったのです。

またアメリカの研究者たちは、インディゴが目立って増えてきたのは一九七〇年代以降だと指摘していますが、四季折々に咲く花を愛《め》で、風や季節を肌で感じながら……豊かな自然とともに育まれながら成長をする日本人の独特の感性や国民性ゆえに、ずっと昔からその気質をもっている人が多く、一九五〇年代以前に生まれたインディゴが多く存在するのを私は知っています。

その中でも、敗戦～終戦の混乱を経て……一九五〇年以降に生まれたインディゴは、先駆者（パイオニア）であるがゆえのチャレンジ精神と挫折《ざせつ》が同居をして、さらなる生きづらさを生み出して、それでも生きていかなくてはいけない思いに苦しみながらも感情や思いを封印して、成長をしました。ですから親になったときに、子育てが楽しめなくなってしまったのです。

私自身も、典型的な**「早く来た先駆け（パイオニア）のインディゴ」**で、いわば**「古いしきたりを変えるためにやってきた、愛と光の戦士」**なのです。

古い世界を変えるというと、破壊的な印象をもつ人もいるでしょうが、インディゴは地球に愛をもたらし、もっと住みやすい星にするという使命をもった、心優しい子どもたちです。

そこで、私がこれまでの経験から理解している日本人におけるインディゴの特性を以下にまとめてみました。

＊　自尊心が高く自己評価に重きを置く。
＊　嘘を見抜く能力があり、ごまかしがきかない。
＊　根拠はないのに、「知っている」「わかっている」という感覚がある。
＊　命、生きること、または死に対して、特別な思いがある。
＊　すべてを理解しているかのような、さめた、または思慮深い目をしている。
＊　世間一般には、我が強いと思われがちな言動をする。
＊　人生の先が見えているような言動をする。
＊　戦士のように激しい気性の反面、かぎりなく優しいという二面性がある。
＊　羞恥心《しゅうちしん》が強く、自分の存在そのものを恥と思いがちである。
＊　何事も挑戦したがるが、すぐにあきてしまう（見極める力がある）。
＊　直観力が強く、他人の心の変化に繊細に反応する。
＊　自分の優しさを弱さのように感じている。
＊　子どもたちを助けたいと願っている。
＊　親や世代間連鎖を止めるために生まれてきた。

＊　**自分の使命をわかりたいと思う（忘れてしまう、思い出せない感覚）。**

＊　**人や人間が理解できない（この場合の人とは、自分と他人のことです）。**

＊　**地球にはなじめない、居場所がないような思いをしている。**

＊　**孤独を感じ居場所を探し続ける。**

お子さんやご自身が、これらの特徴に当てはまると感じられますか。

「うちの子は、インディゴだったんだ」
「私って、インディゴなのかもしれない」

と気づくことで、**「生きづらさ」の正体**がわかり、肩の力が抜けたという方が、大勢います。

時代を変える子どもたち

「早く来たインディゴ」は、後に続くインディゴを迎える基礎固めをするために、一足先に到着しました。時代に先駆けて生まれてきたパイオニアのインディゴなので、気性も激しく、困難な人生を送ってきたケースが多く、生きづらさ満載の人生を送ります。

私も当てはまるのですが、ほとんどの「先駆けのインディゴ」は、もっと楽な人生を選べばいいときに、**あえてつらい方向に進んでしまう**傾向があります。家族間の悪習や環境、時代を変えることに熱心なあまり、大変な家庭環境を選んで生まれたり、自分から複雑な問題の中に飛び込んでいくのです。

ところが最近のインディゴは、先人の経験から知識を得て学んでいるので、より問題の少ない家庭環境を選んだり、理解者のいる環境に生まれてくるケースも多く、気性もより穏やかになっている印象があります。孫のカズヤがそうですが、争いや戦いからは何も生まれないことを知っている、戦いを嫌う優しいインディゴが生まれてきています。しかし争いや戦いを放棄したといってもインディゴはインディゴなのです。

もともと自我が強いので、納得できないことがあると、幼い子どもでも二時間でも三時間（孫のカズヤは八時間）でも泣き続けるような激しさがありますし、その激しさを「我が強い子」「理解できない、育てにくい子」と感じてしまうのですが、本心で望むこと、自分の想《おも》いや欲求をあきらめないでもち続けることを実践して教えてくれているだけなのです。

成長をして、言葉を話せるようになってからも、優しさが勝っている子は、すぐに泣いてしまうことがあります。理解してもらえない悔しさを通り越して、悲しみを感じてしまうのです。本来、強さとは優しさの証《あかし》なのですが、泣いてしまうことで、弱いと思われたり、泣いてごまかしていると判断されるので、誤解をされてしまうのです。

ところが自分自身を認められて受け入れられると、本来の意味での自我の強さゆえに、真の強さを発揮できるのです。自分は自分という自尊感情をもっているので、他の存在も尊重でき、自由を楽しみ、人生を祝福できる存在になれるのです。

クリスタルチルドレン

一九九〇年代前半からは、インディゴチルドレンの特徴には当てはまらない、**「クリスタルチルドレン」**と呼ばれる、別のタイプの子どもたちが生まれ始めました。

クリスタルは、インディゴが準備した新しい世界に降り立ち、人類が向かうべき方向を示してくれます。彼らは他人の気持ちがわかる能力が強く、優しくて、争い事に耐えられません。そして人をゆるし、愛の尊さを伝え、思いやりを示します。

インディゴも、戦争や動物虐待などの話を聞くとつらくてたまらなくなりますが、クリスタルの場合は、自分が犠牲になっても争いを止めたいと思ってしまうようです（前述した戦わない優しいインディゴは、一見クリスタルのように見えますが、インディゴはインディゴです。クリスタルにはなりません）。

クリスタルは、すべてを見すかすような、大きくて澄んだ瞳《ひとみ》をしています。このタイプの子どもたちを育てるときは、愛や時間を十分にかけて育てていく必要があります。

クリスタルは、愛にあふれた子どもたちであるだけに、独特の繊細さをもっています。怒ることをしない心優しい子どもたちなので、世の中に怒りや悲しみ、嫉妬《しっと》といったどす黒い感情がうず巻いていることに、深く傷ついてしまうのです。

とくに、母親がクリスタルの娘の優しさに頼りきり、夫やパートナーから得られない愛情や満たされない思い、不平不満や孤独、行き場を失った自分勝手な無言の期待を**「私をわかって」**とばかりにわが子にぶつけ続けるケースが目立ちます。クリスタルの女の子たちは愛情の深さゆえに母親の気持ちをまるまる受け止めようとするので、その重荷に押しつぶされてしまうことがあるのです。最近は**「愛」という栄養不足**に陥ったクリスタルたちの相談を受けることが増えています。

また、傷ついたクリスタルは、心の中に根深いさびしさを抱えていることが多くて、愛の表現の仕方がわからなくなり、思春期になると誤った愛情の表現をしてしまい、性的な問題行動を起こすことがあります。もともと「惜しみなく愛を与えたい」存在なので、交際相手に「愛しているなら」と性交渉を迫られると、拒否することに自責の念を覚え、結果的には安易に性的関係をもってしまいがちです。そのような性的な問題を起こしているクリスタルに対して、私は**「命の大切さ、権利と責任」**について語ります。

「いい子、いい子って撫《な》でてもらうと、うれしいよね。大好きな人だったら、もっとうれしいよね。でも、エッチをするということは、妊娠するかもしれないということなの。いまのあなたに赤ちゃんを育てられるの？　だれかを愛するということは、自分や相手を大切にすることで素晴らしいことだけれど、その結果には、責任をもたなくてはいけないのよ」と諭《さと》します。

クリスタルたちは、愛に敏感であるがゆえに、愛されることを必要としているのです。親御さんは毎日でもギュッと抱きしめ、「愛している」と伝えてほしいと思います。

話は変わりますが、人を愛するということや性教育に関してお伝えしたいことがあります。

現在の日本では、性に関して語ることの偏見や理解のなさから、学校教育で年齢に合わせた性教育を受ける機会がほとんどありません。この十年間以上も性教育の時間が止まっているという現場からの声もあります。

ですから「生活の保障のない安易な性交渉や未成年の性的行為について」「妊娠をする可能性や性病について」「そしてその結果どうなるのかについて」子どもたちが学べる機会はほとんどありません。

本やインターネット上でのあふれかえるほど多い情報の中から中途半端な情報しか得られず、間違った情報を信じている子が多いのです。

「妊娠したら困る」と思っても「避妊をしよう」と思わない。または「避妊をしようと思っていても、何もしないまま、求められるままに性行為を行なってしまう」ことがほとんどです。それ以前に「自分たちは大丈夫」という根拠のない自信や無責任な言動も多く、妊娠をしてから大変な思いをする人たちが後を絶ちません。

命の重さや大切さを考えるときに、「愛と性」は切り離すことができないテーマです。ですから、妊娠～出産～親になるということの自覚をもつことを教えていかなければならないのです。新しい命を産むということは、育てるということです。それは、将来のことを考えるということにもつながります。

「愛と性」の問題は一般的な問題ではありますが、とくに多くの愛情のインプットとアウトプットが必要なクリスタルにとって致命的なダメージを受けることになることが多いのです。クリスタルでとくに受動的な性の立場（ＬＧＢＴｓまたはＬＧＢＴＱのケースも考慮して受動的な性としています）にある場合、思春期はこの問題でクライシスをきたすことが多いことを親は知っておいていただきたいのです。

また、最近では、**「レインボーチルドレン」**と呼ばれる子どもたちも生まれています。レインボーは、癒《いや》されたクリスタルチルドレンを親とし、地球に初めて生を受ける子どもたちだといわれています。

穏やかでいつもにこにこしていて、ピュアで透明、存在そのものが愛を表現している子どもたちです。ただし、日本では、国民性ゆえに、成長をして大人になった、癒されたクリスタルはほとんどいないので、レインボーはそれほど多くは生まれていないようです。

以上、**「新しいタイプの子どもたちが生まれている」**という現実を知っていただくために説明しましたが、そのような細かい分類には、こだわらなくていいと思います。それぞれ定義が確立されているわけではありませんので、「うちの子は、インディゴ？　クリスタル？　それとも年代的にレインボーに当たるでしょうか？」などと頭を悩ます必要は意味がありません。たましいの大本はみんな一緒なのですが、現状をわかりやすく説明するために、いろいろな人がさまざまな分類に分けているだけなのです。

大切なのは、「既成概念やいままでの人間社会になじめない子どもが生まれてきているので、親はそういう子どもの特性を認めて受け入れる必要がある」ということです。

ですから初版本では、このような新しいタイプの子どもたちを一括して宇宙チルドレンと表記したのです。

人生に奮闘する小さな戦士たち

インディゴチルドレンには、個々にあわせたふさわしい接し方をすることが大切です。「育てにくい子」と嘆く前に、子どもの特性をしっかり理解すると、もっと適切なかかわり方ができるのです。

愛されていることさえ確信できれば、彼らは理不尽に苛立《いらだ》つことはありません。親の考えている「いい子」に当てはめようと躍起《やっき》にならなければ、親に対しても、もともとの一本気な優しさを見せてくれるはずです。

インディゴは「自分は自分」という誇りをもっています。「いい子」に育てようとしなくても、もともと「いい子」なのです。そのままありのままの姿を認めてください。親の権威を振りかざしたり、頭ごなしに「子どものくせに」と抑えつけたりするのは、やめるべきです。

もちろん、どんな子どもにもこれらのことは当てはまるのですが、インディゴの場合は、とくにこのような親の対応に「大好きな親を怒らせた自分が悪い、自分がダメだからだ」と傷つき、無価値感に陥ってしまうのです。無力感に陥ってしまうのです。

彼ら彼女たちへの接し方については、第2部にまとめることにして、ここでは**インディゴの「生きづらさ」の本質**について、お話ししたいと思います。

すでに述べたように、この子どもたちは、古いしきたりを打破（ブレイクスルー）するという使命をもっています。彼らは、いわば、ライトワーカー（正しい行ないを伝え、地球や人々に愛の光を灯《とも》す人）なのです。

彼らは、**「自然を尊重しよう」「人間も自然の一部」「人の生き方として大切なのは、愛」**といった基本的で重要なことを、人々に思い出させるために、この世に生まれてきました。

そのため世界を変えようと、あえて課題が山積しているところを選んで生まれてくることが多いのです。つまり、古い価値観に縛られて苦しんでいる人を親として選び、「大切なことは、ほかにあるよ。もっと視野を広げようよ」と教えようとするのです。

最初から「生きづらさ」を選んでいるインディゴは**「居心地が悪い人生でもかまわない」と決意して生まれてきた、勇敢なたましい**なのです。

本人が「生きづらさ」を強く感じていればいるほど、それだけ大きな役割を果たそうとしていることになります。

それを周りの人たちが理解できるのなら、本人は「世界を変える」という仕事をしやすいのですが、周りはその繊細さや志を、なかなか理解できません。すると、せっかく勇んでやってきたのに「こんなはずじゃなかった」と深く傷ついてしまいます。

生まれてみたら、想像以上にこの世は居心地が悪く、「どうして？」と呆然《ぼうぜん》としているインディゴが多いのです。

親に大切なことを思い出してもらおうと考えていたのに、ちっとも自分のメッセージを受けとってもらえない。しかも、親はその子育てに関して知識がないあまり、子どもの特性や個性をつぶすような接し方をするばかり。

いくら「これは違う！」と叫んでも、現実世界では親に抑えつけられ、否定されてしまうので、古くて狭い価値観の中で葛藤《かっとう》し、戦い、傷ついて、無力感に陥ってしまうのです。

例えていうと、旅行会社の「サバイバルの旅」というパンフレットを見て、「私なら大丈夫。おもしろそう」と張り切って参加したところ、とんでもない企画で、めちゃくちゃなスケジュールに振り回され、「しまった、来るんじゃなかった」と、後悔しているようなものかもしれません。

生きるのがあまりにつらいため、「私はこんなことのために生まれてきたのではない」という思いに苦しみ、十代でも生きるのをあきらめて、「向こうの世界に戻って、できるだけ早く生まれ変わって、思い通りの人生をやり直したい」と自死をしてしまうインディゴもいます。

「自分には、もっと何かができたはずだ」という絶望感を、必死になって抑え込んでいても、何かのきっかけでスイッチが入ってしまうと、キレて爆発してしまったり、破壊的な道に入ってしまうのです。

自虐的になるだけでなく、他人を攻撃する場合もあります。

自虐的・自傷行為になったり、他人を攻撃する場合は、いじめをしたり、家庭内暴力を起こすこともあります。性産業、犯罪、暴力団とかかわったりする子どもの中には、行き場を失って傷ついたインディゴが大勢います。

さらに、家庭に居場所がなくて街に飛び出し、できちゃった結婚をして、親になることの意味を理解できず、覚悟もないまま、赤ちゃんを産んでしまうケースも増えています。

もともとは繊細で勇敢なたましいとしてこの世にやってきたのですが、大切にされて、愛されて育つ経験が乏しいと、子どもであることを体験する時間を過ごせないまま成長をして、大人になるので、親になってもわが子とどう接していいのかわからずに、子どもへの虐待に進んでしまうことがあります。「子どもには、自分と同じ悲しみを味わわせたくない」と思いながらも次の世代に連鎖してしまうのです。私たちは育てられたように育ち、育てられたように育てていくのですが、気がついた人からやめていくことが世代間連鎖を終わらせることにつながるのです。

以前の私は、苦しんだ自分の少女時代を思い出して、いたたまれない気持ちになり、同じような人の力になりたいと思って行動をしていました。ところが、それぞれの人生にそれぞれの学びがあることがわかってからは、求められないことはしなくなりました。

インディゴチルドレンをサポートする「火と水のインディゴ」

さまざまなインディゴチルドレンに接しているうちに、**「インディゴチルドレンをサポートするインディゴ」**というタイプの人たちがいることに気づきました。最近のアメリカでは「パイオニア」や「ブルーレイ」などの表現もあるようですが、初版本でインディゴをサポートするために生まれてきたインディゴのことを書いた後に「パイオニアインディゴ」や「ブルーレイ」という言葉が聞かれるようになりました。

時代の進化や知識の変化とともに、さまざまなことが解明されて理解が深まることは喜ばしいことと思っていますが、私はこのようなサポートに回るインディゴたちも一括して「インディゴチルドレン」と呼んでいます。

日本のサポートインディゴは大きく分けて、**「火のインディゴ」**と**「水のインディゴ」**の二タイプがあります。

「火のインディゴ」は、見極めが早くて直感的。根底にも表面的にも熱いものがあり、やむにやまれぬ熱い思いで行動を起こします。私自身も、典型的な「火のインディゴ」ですが、熱しやすくさめやすいのにもかかわらず、その熱さゆえに挫折をしてもあきらめきれずに立ちむかっていくような気質です。経験を積んでいくと穏やかになりますが、正義感が強くて本質的なことを口に出すので、誤解をされたり、敬遠をされることがあります。インディゴの中でもとくに激しい気性が目立ちます。

一方、**「水のインディゴ」**は、非常に冷静で、悟りきったような行動をする特徴があります。理性が勝っているタイプで、若いうちは情熱的な一面も見せますが、本質的には冷静に状況を見つめることができます。その反面、(インディゴゆえに根底には熱いものがあるので)こだわりが強く、あきらめが悪い一面があります。気をつけないと思いが根深く残り苦しむことがあります。

いずれにしても「火と水のインディゴ」は、自らの経験をもとに人の手助けをするのですから、悩み深い人生を送ることが多いのです。さまざまな出来事を通して学びながら、気づきを深めて、後から来る子どもたちをよりよく助けたいと思って生まれてきているのですから……。

また、火と水のインディゴは、子どもの頃から、心、体、人間関係に悩みを抱えていることが多いようです。ひとつの問題が解決しても、往々にして、次々にステップアップした問題に自らぶつかっていきます。

これは、自分の心の闇《やみ》がクリアにならないと、人を助けることができないとわかっているからです。人々を助けるために、自らさまざまな問題を引き寄せ、艱難辛《かんなんしん》苦《く》を乗りこえていく体験をしながら成長をすることを選んでいるからです。

火と水のインディゴは、ひとつひとつ解決してきたことを、「だれかに伝えて人々の役に立ちたい」という強い思いを、無意識のうちに自覚しています。そのため、**「時間がもったいない」「早く（成長）しなくては」「自分には何かもっと大きな使命があるのでは」**という思いが、常に心の中に燃えたぎっているのです。

私はカウンセリングのほかにも、「たいわ」を通して愛することやさまざまなヒーリングをお伝えするたいわ士育成講座、てらこや、トークライブセッションやさまざまなワークショップを開催していますが、自分を高めたいという一心で集《つど》う人たちの中には、**自尊感情が低く、自己否定感が強く、（存在の受容を含む）自己受容ができずに自分を受け入れられない方が多くて、自信がなくて不安やパニック障がいの方もおられます。**

「人を助けたい」という熱い思いがあるため、苦しんでいる人、困っている人が身近にいると、放っておくことができません。**「悩みを抱えた人が次々と集まってくる」**ので、いつも心配事がたえずに、だれかのために一生懸命になっているので疲弊をしてしまいます。ところが自分が火か水のインディゴであることがわかると、自ら招いた（引き起こした）現実だと理解することで、どうしたらいいのかがわかり、楽になります。

「自分はどうしたいのか？」を明確にすることで「したければする。嫌ならしない」というように自ら、物事を選んでしていると理解できるからです。

火か水のインディゴであることを自覚していないと、**自分の限界を超えて他人にかかわってしまいがち**です。そして結局、他人に利用されて傷ついたり、裏切られて絶望したり、寄りかかられる重みに堪《た》えきれなくなって、自分がつぶれてしまったり個人や組織との関係性を切ることで自分自身を守ることがあります。自分自身で引き寄せて、まねいた結果なのですが、その仕組みを理解できずに苦しむのです。

一方、火か水のインディゴであることがわかっていれば、**自分を客観的に見つめ、もっと適切なかかわりをもつことができます**。どんなによかれと思っても、自分がダメになるほど世話を焼くことは、相手のためにもなりません。相手とほどよい距離や関係を保つことで、自分と相手を同一視することなく、自分の経験を活かして意識的に語りながら「たいわ」や助言をすることができるのです。


私自身、このような仕事をしてきて、苦い思いを何度も繰り返しました。悩みの相談を受ける場では、相手の心の中の鬱屈《うっくつ》した思いが一気に噴き出ることがあります。私はそれをそのまま受けとめているのですが、相手は爆発しきった後、気まずくなり、私を敬遠するようになったことがあります。

そんなとき、以前の私は、とてもさみしい思いをしたり、深くかかわりすぎたのだろうかと後悔をしましたが、**「自分のできることをしたまでだ」**と思えるようになってからは「人としてあたりまえのことをしたのだ」と結果に固執しなくなりました。そうは言っても快・不快や感情は大切にしているので、あえて不快なことは望みませんが……。

火と水のインディゴは、助けになろうとした相手に裏切られると、そのときは最善・最良のことをしたとしても、後悔をすることがよくあります。火のインディゴは、心に燃えさかる炎をもっていますから、腹を立てたり、どなった挙句、落ち込んでしまいます。水のインディゴは、拒絶されたと思い、傷つき落ちこんでしまいます。

けれど**差し出された愛の贈り物を受けとるかどうかは、相手の問題**なのです。自分がよいと思ってしたこと、またはあくまで自分の気持ちで言動をしたのだと気づけば、相手の反応に傷つかずにすみます。人間関係で後悔しがちな方は、もっと自信をもってほしいのです。

サポートインディゴは心の成長が早いので、しばしば過ぎた時をかえりみて、いまの自分ならもっと適切に対処できたのに、と考えてしまいます。それを反省として未来に活かしていただきたいのですが、落ち込んで自責をするのでは、反省をする意味がありません。**「後悔するのは、私の成長が早い証拠」**ととらえてくださいね。自らの役割を自覚することによって、世の中に光を灯すライトワーカーとしての、本来の役目をまっとうできるようになるのですから……。

「きみは病気じゃない」――たかしくん

インディゴチルドレンを理解していただくために、いくつかのケースをご紹介していきましょう。

典型的な**「理解されなかったインディゴチルドレン」**に、たかしくんがいます。

たかしくんは二十五歳のとき、お父さんと一緒に、池川クリニックに相談に訪れました。たかしくんには吃音《きつおん》とチックがあり、親を殴るという家庭内暴力もありました。両親と兄弟がいますが、池川クリニックを訪れたとき、たかしくんはお父さんや兄弟と離れて、お母さんと二人暮らしをしていました。

池川先生は、たかしくんの激しい気性の中に、内に秘めた優しさを感じたそうです。そして、

「きみは別に、病気じゃないと思うけれど？　もしかしたら、たかしくんには『親にメッセージを伝える』というかなり明確な目標があるのに、それをちっともわかってもらえないから、生きづらくなったんじゃないの？」

と尋ねると、たかしくんは、

「そうです」

と、うなずいたのです。

池川先生は、たかしくんとのコミュニケーションには、かなり神経をつかいました。ちょっとした一言に、「先生、それ、ぼく傷ついた」と反応をするのです。池川先生は、「傷つけるつもりじゃなかったんだけど、ごめんね」と謝りながら、それこそ手探りで対話を続けました。

継続的なサポートが必要だと感じた池川先生は、たかしくんに私のカウンセリングを勧めました。

私は、

「困っていることや気になることはありますか？」

という問いかけから、**セッション（解決の糸口を見つける作業をする時間）**を始めます。リーディング、コーチング、認知行動療法などをベースにした「たいわ」を通して、暗い闇《やみ》に入ってしまった考え方に光を当てながら、自分自身を認めるお手伝いをします。

たかしくんと初めて会ったとき、自然に、

「やっと出会えたね。会いに来てくれてありがとう」

という言葉が出てきました。

たかしくんは真っすぐに私を見ながら、「うん」と言ってくれました。そして、

「池川先生は、ぼくを『病気じゃない』って言ってくれました。そんなことを言われたのは初めてだったから、すごくうれしかった」

と、素直に喜んでいました。

気持ちを伝えたいのに伝わらないもどかしさや、わかってもらえないつらさを、「病気じゃない」と認めてもらえたことで、気が楽になったのです。

ちなみに、後日、たかしくんのお母さんも、

「ずっと病気だと思って苦しんでいたので、私も池川先生の言葉で救われました」

と泣いておられました。

たしかに、たかしくんは霊的な感受性もあり、見えない世界にも興味があったので、ふつうの病院で診察を受けたら、精神科の病名がついてしまっていたでしょう。

私はたかしくんの向かい側に座って、真っすぐにたかしくんを見ながら、たかしくんから受ける印象を伝えましたが、たかしくんとのコミュニケーションには配慮が必要でした。言葉遣いや目配りのひとつひとつに、過敏なほど反応をしてしまうからです。

こだわりが強くて、すぐに怒ってしまうので、家族や周りの人は細心の注意を払わなければなりません。そのため、たかしくんは「わがまま」と思われてしまうのです。

けれど、一番つらいのは本人なのです。挫折して、傷ついてしまっていて、どうしたらいいのかわからなくなっているのです。自分をどう表現したらよいのかわからず、もがき苦しんでいるのが伝わってきました。

気持ちを抑えようとするのですが、それが**「コントロールされたくない」**というトラウマを刺激し、反発を呼び起こし、過敏に反応をしてしまうのです。本人は、とてもまじめで一生懸命なのですが……。

途中、たかしくんは何度か「それって、どういう意味ですか」と、私の言葉の確認をしましたが、そのたびに説明をして、誤解を解いていきました。

そんなふうに言葉尻《ことばじり》をとらえるような問いかけを頻繁にするのも、相手をちゃんと理解したいという気持ちの表れです。けれど、そう言われたほうは、責められたり問いただされているように感じてしまうため、ケンカや家庭内暴力というかたちになってしまうのです。

たかしくんは少しずつ心を開いて、

「ぼくは、子どもたちのために保育士になりたい」

と打ち明けてくれました。そこで私も、

「私は居場所のない子どもたちのために、フリースペースをつくりたいの」

と夢を語りました。

たくさん話した後で、私は再び、

「会いに来てくれてありがとう」

と言って、たかしくんに軽くハグをしました。

「お風呂に入っていないでしょ。入ったほうがいいと思うわ」

と勧めたら、その日から入ってくれたそうです。

別れ際には、「またね」とまで、言ってくれました。

両親のトラウマが子育てに及ぼす影響

事情を聞いてみると、**たかしくんは、複雑な家庭で生まれ育っていました。**

たかしくんのご両親は、ともに孤独な家庭で育ちました。

たかしくんのお父さんは、父親を早く亡くしました。母親に甘えたくても、邪険《じゃけん》にされるばかりで、会話のない家庭で育ったそうです。

たかしくんのお母さんも、母親のいない、孤独な家庭で育ちました。お母さんが父親に甘えようとすると「うるさい」と叱《しか》られ、さびしくて泣くと「泣くな」と叱られるので、涙を流すこともできなくなりました。

そのため、たかしくんの両親は、感情を言葉で表現することを体験せずに大人になってしまったのです。同じような心の傷をもつ二人は惹《ひ》かれあい、結婚して、愛に満ちた家庭を築こうとしました。

お母さんは再婚で、前夫との間に生まれた男の子がいました。そして、お父さんとお母さんのあいだに生まれた最初の子どもが、たかしくんだったのです。

たかしくんは、お父さんとお母さんの**「愛に満ちた家庭を築く」**という希望をかなえようとして、生まれてきたのでしょう。けれど、お父さんもお母さんも、「愛に満ちた家庭」とはどういうものか体験したことがなかったので、わかりようがなく、愛の表現も上手ではありませんでした。経済状態や夫婦仲にも問題があったので、繊細なたかしくんはストレスを強く感じるようになってしまったのです。

たかしくんは小さい頃は優しい男の子で、おしゃべりも上手だったそうです。三歳になってつよしくんという弟が生まれた頃から、吃音が始まりました。

つよしくんは、トラブルの多い家庭で奮闘しているお兄ちゃんを助けようと思って生まれてきたようです。けれど現実には、つよしくんが生まれてから、たかしくんはがまんをすることが増えてしまいました。

たとえば、おもちゃ売り場でたかしくんがぐずったので、お母さんがおもちゃを買ったことがありました。そのとき、たかしくんは、

「ぼくはいいから、つよしに買ってあげて」

と言ったそうです。たかしくんは弟思いの子でした。

「つよしをかわいがって」という言葉は、本当は、「ぼくをかわいがって」という、心の叫びだったのです。

たかしくんは、それをお母さんに伝えることができませんでした。お母さんも日々の暮らしに精いっぱいで、たかしくんの気持ちに気づく余裕はありませんでした。

幼稚園のときに、たかしくんは好きな女の子の吃音をからかって、深く傷つけてしまったそうです。

「だから、自分にペナルティを科したんだ」

と、たかしくんは言いました。

その出来事をきっかけに、たかしくんの吃音はひどくなっていったのです。

自分を罰する傾向が強いのは、挫折を感じているインディゴたちの特徴です。

たかしくんは、コミュニケーションをとることがどんどんむずかしくなっていきました。吃音はますます悪化して、学校でいじめられるようになりました。

お母さんは、けなげにがんばっているたかしくんを不憫《ふびん》に思いました。そして、過保護、過干渉で接するという、悪循環が始まってしまったのです。

両親ともに、「どうしてだろう?」「何がいけなかったのだろう?」と、自責の念に駆られるようになりました。


話を聞いていくと、小さい頃のたかしくんは、吃音はあっても、自分自身に満足していたそうです。クラスメイトにからかわれても、自分の中で解決できていたので、決して「かわいそうな子ども」ではありませんでした。

皮肉にも、お母さんの気づかいやお父さんの「なんとかしなければ」という焦り

が、たかしくんを「かわいそうな子」に仕立てあげて、親子関係をゆがめていったことがわかったのです。

その背景には、両親ともに、つらく悲しい子ども時代を過ごしてきたことがありました。たかしくんの状況を見て、「かわいそうな子ども」だった幼い頃の自分がよみがえってしまったのです。それまで触れることのなかった、自分自身の未解決の部分、「かわいそうな私」とたかしくんが結びついてしまい、余計に「これではいけない」と焦ってしまったのでした。

子どもに病気や障がいがあると、親の責任だと自責をしたり、子どもを不憫に思い申し訳なく思うのですが、「かわいそう」と決めつけるのは、上から見下ろしており、子どもの自尊感情や尊厳を傷つけることになります。

「私が保護してあげなくては」という思いが強いと、子どもは息苦しくなります。子どもは子どもで、尊いたましいを宿した、親と対等の人格です。そのため、いくら親心とはいえ、「かわいそう」と思われると、子どもにとっては、尊厳を傷つけられるのでつらくなるのです。

たかしくんは、両親の成長を助けるために生まれてきました。ところが、両親はたかしくんと一緒にいることで幸せを感じてくれるどころか、マイナスの方向へと意識を向けてしまうので、大きく戸惑うようになってしまったのです。

最初は小さな心のすれ違いが……

たかしくんは、吃音を治すため、精神療法、心理療法、催眠療法と、ありとあらゆる療法を試しました。有名な治療家を何人も訪れましたが、吃音はまったく改善されませんでした。

それどころか、年齢が高くなっていく焦りもあって、家族間のコミュニケーションがどんどんむずかしくなっていったのです。そしてとうとう、**鬱屈《うっくつ》が爆発し、家庭内暴力に発展**したのでした。

お父さんは、「育て方をまちがってしまった」と深く反省していました。けれど、たかしくんにしてみれば、いまさらそんなふうに言われても、おさまりがつきません。

私には、「ふざけるな！　おまえら卑怯《ひきょう》だ！　勝手なことを言いやがって！」という心の叫びが聞こえてきました。

子どもにとって、**「育て方をまちがえた」**という言葉は、いまの自分を否定されることにつながるので、もっとも言われたくないのです。お父さんが反省すればするほど、たかしくんは苛立ち、暴れるようになりました。そうこうするうちに強迫神経症という病名までつきました。最初はちょっとした心のすれ違いが、どんどん大きくなっていき、収拾がつかなくなってしまったのです。

このようなケースは、インディゴでなくとも起こることです。けれど、挫折して希望を失い、おさまりがつかなくなってしまったインディゴの場合は、とくに激しい行動に出ることが多いのです。

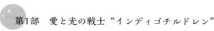

暴れながらも、心の中には「いけない。やめなければ。やめさせてほしい」という思いがあるので、「やめたいのに、やめさせてくれないおまえたちが悪い」という怒りにつながり、さらに逆上してしまいます。

騒動がいったん一段落しても、その後の落ち込みも激しいため、それが拍車をかけて、さらなる騒動につながるという悪循環に陥ってしまいます。そして、**自虐的になり自分を傷つける、または他人を傷つける、のどちらかに移行することが多いのです。**

私自身、同じような心理状態のときがあったので、たかしくんの悲しみがよく理解できました。たかしくんも、「わかってくれる」と思ったのでしょう。私と初めて会った日から、変わっていきました。

自分を犠牲にするインディゴチルドレン

たかしくんは、弟のつよしくんと一緒にセッションに来るようになりました。

二回目に兄弟で来たとき、

「あなたたちは、両親を助けるために生まれてきたのでしょう？」

と質問すると、二十三歳のつよしくんと二十五歳のたかしくんは、小さいな子どものように「うん」とうなずきました。

「幸せになるために、生まれてきたんだよね」

という質問にも、笑顔で「うん」と答えました。

たかしくんと信頼関係を築けたので、いつまでも「親がゆるせない」と言い続けるたかしくんに、

「たかしくんは甘えているのよ。甘えるのをやめなさい。親に甘えている自分もゆるせないのでしょう？　もう甘えるのはやめたほうがいいと思うの」

と伝えました。

とても繊細なたかしくんに対して、皆が言葉を選んで話すので、私のようにストレートな話し方をされた経験がなかったのでしょう。スイッチが入ったようにたかしくんは怒りだしました。するとつよしくんがすかさず、

「こんなことを言ってくれる人はいないから、大事にしなくちゃいけないよ」と言ってくれたのです
セッションを続けているうちに、たかしくんが落ち着いてきたので、つよしくんのセッションを始めました。実はつよしくんと最初に会ったときから、ずっと彼のことが気になっていたのです。

つよしくんは自分のしたいことをあきらめて、家族のためにがんばっていたから

です。つよしくんは、たかしくんと両親の仲を取りもって、クッションの役割を引き受けていたのですが、どんなにがんばっても家族が仲良くなれず、関係が悪くなる一方なので悲しんでいました。たかしくんだけでなく、つよしくんもインディゴでした。**「自分を犠牲にしてでも（だれかのために）がんばる、インディゴ」**だったのです。

「たかしくんはもう大丈夫だから、今度はつよしくんのセッションをしよう」

と提案したとき、たかしくんは、

「そうしてください。本当は、おれも気になっていたのです」

と同意してくれました。そこで、つよしくんに、

「いままで一生懸命にがんばってきたわね。もう無理をしなくていいの」

と声をかけると、つよしくんは涙ぐみ、

「だれもわかってくれる人はいなかった」

ポツリと言いました。

その後、つよしくんはセッションにひとりで来て、本心を語るようになりました。「人のためにがんばるのは嫌だ」「もう地べたにはいつくばるような人生は嫌だ」と自分の人生を大切に生きたいという決心をしたのです。

そのときからつよしくんの日常に、大きな変化が起こり始めました。同時に、たかしくんとつよしくんの関係も、変わっていきました。

池川先生は、その後のたかしくんの変身ぶりに、驚かれたそうです。

「ある日、診察室に、笑顔がすてきな好青年が二人現れたと思ったら、なんと、たかしくんとつよしくんでした。初対面のときのたかしくんとはまるで別人で、『ああ、たかしくんって、こんないい顔をするんだ』って思いましたね」

と感想を述べておられました。

たかしくんは典型的なインディゴだったので、私は本人とご家族に、その特徴について説明しました。

お母さんとつよしくんは、さっそく本を読んで理解を深めて、たかしくんと向き合ってくださったのです。

たかしくんのお母さんは、
「インディゴについてもっと早く知っていれば、こんなに苦しまなかったのに。知らなかったために、ずっとつらい思いをしてきました。情報が欲しかった」
と言われました。

大人顔負けの子ども

ほとんどのお母さんがインディゴチルドレンという概念を知らないために、混乱が起こっています。

インディゴチルドレンは、発達障がい、とくに**ＡＤＨＤ（注意欠陥／多動性障がい）**と誤診されてしまうこともあります。

七年前から相談に乗っているＡさんのお子さんも、そのひとりです。お子さんは、典型的なインディゴでした。

お子さんに最初にお会いしたときは幼稚園生で、多動がありました。そのうえ、騒ぎだしたら二、三時間はおさまらない、親を冷ややかな目で見るといった問題があり、Ａさんは困り果てていらしたのです。

Ａさんは、

「こんなに気性が荒いなんて、ふつうじゃない。大きくなったら犯罪を犯すのではないでしょうか」

という不安を打ち明けられ、

「私には、もう育てられない。心中するしかありません」

とまで悩んでいました。

権威あるドクターに診てもらったところ、ＡＤＨＤと診断され、薬を処方されましたが、状況は改善しないどころか、かえってひどい状態になったのです。

当時は、「インディゴ」という概念はよくわかっていませんでしたが、お母さんの話を聞いて**「ＡＤＨＤとは違う」**と感じとっていました。

Ａさんは専業主婦で、とてもまじめな方です。子育てに専念している方は、子どもと接する時間が長いので、

「私がこの子をよい子に育てなければ。この子のために、がんばらなくては……」

と一生懸命になりがちです。そして皮肉にも、そのプレッシャーが子育てにマイナスに働くことも多いのです。

ここで、家庭の主婦、お母さんの力について少し触れておきたいと思います。

専業主婦の方は自ら生産にたずさわっていないことや社会参加がないと思いがちですが、家族みんなが幸せであるために、お母さんの存在はとても大切です。ひとつの家庭におけるお母さんの役割は大きく、お母さんの笑顔と家族の幸せは直結しているので、偉大な社会貢献になっているということを忘れないでいただきたいのです。

結局、薬を飲ませれば飲ませるほど症状が悪化することに危機感をもったAさんは、思いきって薬をやめました。そして、「この子はこういう子なのだ」と覚悟を決め、いい意味で特別扱いをするようにしたのです。

子どもが求めることを頭から否定せず、受け入れていくようにしました。

「ちゃんとした『いい子』に育てなければ、私が批判される」という不安や考え方を改め、ありのままのその子と向き合いました。

そしてこの子はこのままでいい、焦らないで、無理しないでいい。とありのままを受け入れたのです。

すると、問題行動はだんだんとおさまってきたのです。それどころか、その子らしさを発揮できるようになると、表現力がどんどん豊かになっていきました。

その子は、機械が大好きでした。そこで小学校に進学したときにパソコンを勧めたら、二年生のときには、インターネットで大学院生と対等にチャットを始めたそうです。

その子のように、**多くのインディゴは、頭の回転がとても速い**のです。そして、自分を理解されないことが続くと、「大人はなんてばかなんだろう」とうんざりし、大人をさめた目で見るようになったり、荒れたり、引きこもったりします。

頭の回転の速さやありあまるエネルギー、チャレンジャーとしての特性が多動と誤解され、ＡＤＨＤと誤診されるインディゴがたくさんいます。

ほとんどの小児科医や精神科医は、インディゴの存在自体を知りません。そこで、親が訴える「困った」症状を聞くと、ＡＤＨＤと診断するのです。

発達障がいとインディゴチルドレン

発達障がい（ＡＤＨＤなど）と診断される子どもは、現在増加傾向にあります。愛着障がい（乳幼児期に十分に親と接触しなかったため慢性的に精神的に不安定で問題行動が起きる障がい）にはほとんど着目されず、発達障がいと診断されることで先天的な脳機能の障がいとされるのです。

発達障がいに対する世間の認知度が高まったことや繊細な心の持ち主であるがゆえに、養育が困難なインディゴが増えているという背景が影響をしているのでしょう。

問題行動を起こす子どもに対して、現在は生まれつきの脳機能の障がいが原因である発達障がいであると診断される傾向にあり、その子自身や親との心理的な問題には焦点が当たっていないのが現状です。

脳の機能に障がいがある場合は、薬は有効です。

しかし、**インディゴチルドレンであることで問題行動が起こる場合は、薬をのませるのは効果があるどころか、マイナスになるので、十分に注意しなければなりません。**

人間は「ボディ（肉体）」「マインド（心）」「スピリット（たましい／精神）」で成り立っていますが、インディゴは「マインド」「スピリット」の問題で、ADHDは「ボディ」の問題なのです。

人間を四輪車にたとえると、肉体が車本体としたら、たましい（精神）が運転手です。いくら上手な運転手でも、タイヤがひとつ足りない車は運転できません。「それなら補助輪をつけてみよう」という発想で、補助輪に相当するのが、薬です。

なぜタイヤが足りなくなるのかについては、いくつかの説があります。

子どもの体の基本は、妊娠中のお母さんの食べものと気持ちによって、大きな影響を受けます。そこで、妊娠中にビタミン不足だったり有害物質の影響を受けたりすると、脳の発育に問題が起こったりするのです。

たしかに偶発的な遺伝子などの問題で胎児の発達に問題が生じることもありますが、できるだけ子どもに障がいが起きないように、子どもが欲しい女性は自身の心身のコンディションが整った状態で妊娠をするのが理想的なのです。

もっとも、いま増えている管理分娩《ぶんべん》が脳の発育に影響を及ぼしているという説もあり、複雑な要因がからみあっているようです。

一方、いくら車本体がしっかりしていても、ガソリンがなければ走りません。ガソリンに当たるのは愛情です。

つまり、愛情はボディ、マインド、スピリットへの大事なエネルギーなのです。そのガソリン不足の状態でマインドもボディも正常に機能しなくなっているのが混乱しているインディゴです。

スピリットがボディに宿り、ボディを通して心が生まれるわけですが、インディゴは、感情面でとても繊細で、愛情に敏感に反応します。反応が過敏なので消耗しやすく、ガソリン不足を起こしやすいので、高度なメンテナンスが必要になったり、ハイオクのガソリンを必要としたりしやすいのです（ハイメンテナンス）。

インディゴは本心を見抜くので、優しい言葉をかけられても手荒に扱われると、傷ついてしまいます。うわべだけ丁寧にされても、心の底から自分が受け入れられているかどうかを見抜くので、ごまかしがきかないのです。

本物の愛情を与えられず、混乱しているインディゴに、いくら「補助輪をつけましょう」と薬を飲ませても意味がありません。必要なのはガソリン、つまり愛情なのですから。

そんなふうに、**混乱しているインディゴとADHDのお子さんは、原因はまったく違うのですが、表れる症状（代表的なものが問題行動）としては、よく似ています。**

そのため、区別をつけるのはとてもむずかしいのです。

わが子に不足しているのが、タイヤなのかガソリンなのか、親は見極める目を磨かなくてはなりません。そのためにも、インディゴに関する正しい知識が必要です。

しかし、チェックリストをつくってインディゴかどうかの確定的な診断をするのは、彼ら自体にさまざまなタイプがあることもあり、きわめてむずかしいと思います。結局、子育てでの直観を磨きながら、子どもの様子を観察し、日々の暮らしの中でヒントを見つけていくのがベストです。

最近では、「『うちの子はインディゴです』などと訳のわからないことを言って、勝手に薬をやめてしまう親がいて困る」と憤慨している小児科医もいるようです。

そういう批判はもっともですが、そのあたりの混乱から、この概念が「いいかげんなもの」と切り捨てられてしまうのは残念です。

もし、わが子がインディゴチルドレンかどうか判断できなかったら、**すべての子ども（もちろん大人も）が必要としているのは「愛」である**という基本を、思い出していただきたいのです。そして愛は否定をせず、認める（存在を受容する）ということだと覚えておいてほしいのです。

育てにくさの原因がＡＤＨＤにあるにせよ、インディゴだからにせよ、**「ありのままの子どもを認める」**という子育ての基本は共通しています。ですから、そのように心をかけながら、子どもと同じ目線に立って、正面から向き合っていくことは、どのような場合でも意味があることです。

私は、精神科の薬は絶対に避けるべきだとは考えていません。

その基本さえ守っていれば、やみくもに問題行動や薬を怖がらなくてすむようになります。

しかし発達障がいといわれる乳幼児や子どもたちへの向精神薬や睡眠導入剤などをはじめとする精神科の薬の投薬はやめていただきたいのです。

あるクライアントは、やはりインディゴチルドレンでしたが、幼い頃からの親子関係に傷つき、精神科の病名がついた状態で私のセッションを受けにこられました。セッションの中で自分がインディゴであることに気づき、本来の自分を受け入れられるようになると、迷いが減り、積極的に治療に取り組めるようになったのです。

その結果、医師との信頼関係が深まりました。精神科の診療とカウンセリングセッションの連携がうまくとれるようになると、薬を正しく服用し、症状を劇的に改善することができました。

大人のインディゴチルドレン

大人のインディゴチルドレンの話をします。

私の経験では、子育てにむずかしさを感じている親御さん自身が**傷ついたインディゴだった**ということがよくあります。

＊「自分は目的や使命があって生まれてきたはずなのに、何も達成できていない」という強い挫折感がある。

＊無価値感があり、いつも、どこか満たされない。

＊「自分は自分」という自尊心が高い。尊厳を脅かされると、憤ったり攻撃的になったりする。または、無気力になってしまう。

＊あえて困難な道を選びがち。自分に罰を与えるような生き方をして、よけいに生きづらさを感じてしまう。

＊羞恥心《しゅうちしん》が強く、自分の存在自体を恥と感じて、自虐的になってしまう。

＊自分はＡＣ（アダルトチルドレン）だと思っている。または、「汚れた、ずるい大人になりたくない」という思いがある。

＊繊細で共感力が強く、他人の痛みを敏感に感じとるため、他人の問題やトラブルに巻き込まれ、入り込んで、結局傷ついてしまう。

＊自分のためには泣けなくても、他人の苦しみや悲しみには共感できる。
＊自分のためにはがんばれなくても、人のためと思うと、無理をしてもがんばってしまう。
＊他人には理解を示す。その一方、自分はだれにも理解してもらえない、自分でも自分がわからないという思いに苦しむ。
＊不幸な子どもをつくりたくないという思いから独身でいる。結婚をしても子どもを欲しがらない。
＊保育士・教職員など、子どもの育成にかかわる仕事に就く。
＊うまく生きることを願いながら本心では望んでいない。
＊嘘やごまかし、搾取《さくしゅ》を許せない。
＊仲間を求める気持ちと孤独を愛する相反する思いに悩む。
＊挫折感や、表現しようのない深い悲しみを感じている。
＊子ども時代を振り返ると、記憶がとても鮮やかだ。あるいは、その正反対で、不自然なほど、ほとんど覚えていない。
＊自分は大人のＡＤＨＤかもしれない、と思っている。

＊　理想と現実の違いに苦しむ（この悩みは、とくに介護職や恵まれない環境の子どもたちとかかわる仕事に就いている場合に多い）。

＊　早くこの人生を終わらせて、次の人生に期待しようと思うことがある。

「まさにその通り」と感じる方の中で、「ずっと子どもでいたい」と強く思っていたり、かわいいいたずらっ子のようなお顔をしている方は、大人になったインディゴの可能性が高いでしょう。

以上の特徴のうち、**「子ども時代の記憶」**に関して、補足説明をしたいと思います。

大人になったインディゴは、幼い頃のことをとても鮮やかに覚えているか、ほとんど思い出せないかの、どちらかであることが多いのです。

愛されて育ったインディゴは、赤ちゃんの頃のことまで鮮やかに記憶していることが多いようです。

一方、ほとんど思い出せない人は、厳しい環境に置かれ、自分の感情を押し殺したり封印して成長をすることで生き延びてこられたと思ってください。

もちろん、つらかったことや傷つけられたことを忘れられず根深く覚えていて、恨んだり憎んだりする場合もありますが、とくにつらい子ども時代を送ったインディゴの中には、就学前の記憶が思い出せない方が多いのです。

つらい過去を封印しているインディゴは、過去の出来事だけでなく、自分の感情も抑圧していることがあります。

セッションに来られる大人のインディゴは、ひどく傷つき、感情をブロックしていることがほとんどで、人生をあきらめてしまったような目やさめた目をしています。

そこで、私はそういう方たちには、まず**「自分の感情を感じてみましょう」**と勧めます。けれど、「感情がない」「わからない」と言われる方が多いのです。

悲しいなら「悲しい」、つらいなら「つらい」、嫌いなら「嫌い」、ゆるせないことは「ゆるせない」――。そんなふうに素直に感じて認めることが大切です。自らの感情を丁寧に感じることから理解と、癒《いや》しが始まります。

たとえば、「悲しい」と感じたら、その感情をじっくりと感じてみましょう。そして、その「悲しみ」が体のどの部位に宿っているのかということも感じてみるのです。

戦士の気性をもつインディゴチルドレンは、「私は悲しんでなんかいません！」と反発し、抵抗することがあります。けれど、信頼関係を築きながら、ゆっくりコミュニケーションを深めていくと、心の奥底に沈めた思いが、少しずつ浮かび上がってきます。

悲しみを認めることに動揺する方もいます。けれど、**そのままの、ありのままを感じること、味わい尽くすこと、感情とともにいること、そしてその感情をゆるし、受け入れることが、癒しのプロセスでは大切です。**

パニック障がいの女性

二十一歳の音大生で、パニック障がいに苦しんでいた女性のBさんも、インディゴチルドレンでした。

Bさんは、大学病院の精神科に通っていて、薬を飲んでいたのですが、その副作用で指が動かなくなり、ピアノが弾けなくなってしまいました。

進級を控えていたBさんは、主治医に「薬を減らしてください」と相談しました。けれど、主治医には、「いまでもふつうの量の半分しか薬を出していません。減らすなんてとても無理です」と、減薬を拒否されてしまいました。

指が動かないままだとピアノは弾けません。ピアノの試験に合格しないと留年となるので、困り果てたBさんは、池川先生に相談にいかれたのです。

実際には、薬を飲んでいても、症状は軽くなっていませんでした。電車に乗ると「事故にあってしまうのではないか」、車を見ると「ボンネットにはさまれて死んでしまうのではないか」と脅え、日常生活に困難を感じていました。

そこで、池川先生は薬の代わりにいくつかの代替療法をお勧めしました。その療法が功を奏して、薬を減らせるようになりました。

何年か後には、ピアノの試験も通り、完全ではないものの、なんとか日常生活に支障がない程度まで回復しました。けれど、「刃物が怖い」「だれかを殺してしまうかもしれない」という強迫観念が消えなかったので、池川先生の紹介で、私のセッションを受けることになりました。

最初にカウンセリングにいらしたとき、Bさんは無表情で、**「私は泣くことができません」**と、おっしゃいました。お話を伺うと、Bさんはお母さんに対して常に怒りを抱えているのがわかりました。お母さんは「娘を守らなくては」という意識が強くて、娘をコントロールして、支配していたのです。

Bさんは、お母さんに理不尽さを感じ、その積み重ねがパニック障がいとして表れました。**パニック障がいは、「そのままの私を受け入れて」という、お母さんへの訴えでした。**

Bさんは、窓から刃物を落として、その下にいる子どもを死なせてしまうイメージや、街を歩いていると急に包丁で人を刺すイメージが浮かんで、過呼吸になってしまうという症状もありました。

私のカウンセリングは、問題が起こったときだけ通う方法でもかまわないのですが、Bさんは不安が強かったので、定期的に通われたのです。

Bさんは「包丁でだれかを殺してしまう」というイメージがどうしても消えず、刃物がもてない状態に苦しんでいました。そこで私は、ある日、タオルケットをたたんで床に置き、戸惑うBさんに包丁をもたせて、

「ほら、落としてごらん」

と実際に落としてもらったのです。そして、

「だれか死んでいる？」

と確認してもらい、だれも傷つけていないことを理解して安心していただきました。それ以来、Bさんは包丁をもてるようになったのです。それどころか「自称料理の達人になった」と言えるようになったのです。

カウンセリングに通うようになって症状はだいぶ軽くなりましたが、それでもパニックのひどい発作を起こしたときにBさんはかなり取り乱して、

「みどりさん、私、だれも殺していないですよね」

と電話をかけてきました。

「殺していないでしょう。いつからそう思ったの?」

と聞くと、やはりお母さんとの口ゲンカが原因でした。ささいなやりとりがBさんのトラウマを刺激して、パニックを起こさせたのです。

Bさんは、あるとき、

「私は落ち着いてきたのだけれど、母のほうにカウンセリングが必要だと思います」

とおっしゃいました。お母さんに来ていただいてお話をうかがったところ、たしかに**お母さん自身も大きな課題を抱えていました。**ですから、本当はカウンセリングを続けたかったのですが、お母さんのほうは乗り気ではなかったので、その後はBさんがお母さんの話し相手になることで、ご家族の関係がずいぶん変わってきました。Bさんは、ピアノのコンクールで最終予選に勝ち残るまで元気になり、その後、正社員として企業に採用されて仕事をするようになりました。

幸せになるのが怖い症候群

もっともBさんはいまだに初めての出来事に遭遇すると、どうしていいかわからなくなり、パニックを起こしてしまうことがあります。

不安なこと、嫌なことだけでなく、うれしいことがあっても、発作につながってしまうのです。

「それは、『**幸せになるのが怖い症候群**』よ」

と言うと、Bさんも、

「思い当たります」

とうなずきました。

私自身、「幸せになるのが怖い症候群」でしたが、一体どういうことでしょうか？

幸せだと思った瞬間に足元から崩れてしまう経験をしたり、無意識のうちに自分は幸せになれるはずがないと思い込んでいる人が、幸せを失うことを恐れるあまり、むしろ自分から幸せを壊してしまおうという衝動に駆られてしまうのです。つまり

幸せと感じると同時に不安な気持ちに陥ってしまい、発作的に幸せでない状態にしてしまうのです。

自分の居場所を実感できず、安全で安心を感じられない人は、「何かあったら、すぐに足元をすくわれる。すべてが崩れ去る」という不安にいつも脅えています。安心感などの感情には絶対的基準がないので、無意識のうちにいままで一番なじんだ心の状態が安定があると錯覚して（それが不安であっても）、自分になじみのない感覚や感情（幸福感）を排除してしまうのです。

傷ついて居場所がないインディゴは、そんな罠《わな》にはまりやすいのでしょう。

私はいまでこそ、人生には一山越すとまた次の山があるけれど、それは成長を促すための課題であり、努力して乗り越えようとするなら、次のステップはおのずから開ける、という実感があります。人生においては、艱難辛苦《かんなんしんく》を乗り越えて成長をするのだと思っています。

けれど以前は、「いいことがあるのって、怖い。だって、その後きっと悪いことが起こるから」と不安に思っていました。そして不安が不安を呼び、かえって「悪いこと」を呼び寄せるという悪循環にはまってしまったのです。

Bさんが「幸せになるのが怖い症候群」の発作を起こすと、私はすぐに、

「ほら、また自分で幸せを壊そうとしているわよ」

と伝えます。すると、Bさんも明るく、

「ああ、またやってしまったわ」

と答えてくれるようになりました。

「幸せになるのが怖い」「自分は幸せになってはいけないのではないか」と考えている子どもや大人は、かなり多くいます。とくに、インディゴは感受性が強いので、そういう不安も大きくなりがちです。

彼らは、常に「きちんと生きなければ」という焦りを抱えています。「私はこんなことをしていてはいけないのに」「私って、こんなことしかできないの」という、無意識の自問自答を続けています。

それは、心の奥底で「自分は、生きる目的があって生まれてきた」と感じているからです。けれど、生きる目的を真っすぐ追求することができないと、「私ってダメだ」「私なんて、いないほうがいいのだ」と自分を追い込んでしまいます。気性

が激しいため、落ち込みも大きいのです。

ご自身がインディゴなのでは？　と思われた読者の方で、原因がよくわからない焦燥感《しょうそうかん》や自分の存在を否定してしまう方は、一度ご自分の生きる目的とは何なのか？　考えてみると解決の糸口になるかもしれません。

自分いじめをやめられないインディゴチルドレン

私はこれまで自分をいじめるのをやめられないインディゴチルドレンに、たくさん出会ってきました。

たとえば、やはり池川先生のご紹介でいらしたCさんにも、その傾向がありました。初めてお会いしたとき、Cさんは重度の免疫疾患に苦しみ、立つこともできない状態でした。

Cさんとは、対面のセッションを一回、電話でのセッションを三回行なって、「病気を卒業する」ことについて話し合いました。Cさんは、

「病気をつくることによって、自分に逃げ道をつくっていたのだと思います」
とおっしゃいました。

Cさんはこのままでは命を落とすというところまで追い込まれて、生き方を変えようと決意しました。いままでの思考パターン＝思い癖《くせ》は、一種の生活習慣病であり、精神的なメタボリックシンドロームだった、と自覚したのです。

「考え方を変えて、生き方を変えよう」と決意すると心と体のバランスが回復してきました。悩みやストレスを病気になることで、訴えていたと理解できたので、Cさんの症状が軽くなったのです。

セッションでの注意点

私のセッションを受けた方々は、その後、善《よ》くも悪《あ》しくも多くの変化が訪れます。本書で紹介しているインディゴ以外でも、〝同じような状況〟にある方がおられるので、セッションを受ける際に気をつけていただきたいことをお伝えしたいと思います。

正しく理解されずに孤独な時間を過ごしてきたので、その気持ちをだれかが共感して、わかってもらえたと思った瞬間に劇的な変化が表れます。

しかし、それは心の傷が一時的に癒されただけで、根底にある問題が解決したわけではありません。ですから、引き続きセッションで話し合った「自分自身を大切に扱うこと」を実践しながら、その後の変化を見ていかなくてはならないのです。**ところが、よくなった、もう大丈夫と安心してしまい、セッションが中途半端なまま終わってしまうと、また困った展開になってしまうことがあります。**

とくに自らの選択肢がない子どもは、年齢に関係なく、親に育ててもらって（依存して）生活をする方法しか知らないので、親があきらめて投げ出してしまうと、常に親の犠牲になってしまいます。信じる者がなくなってしまい、再び居場所を失ってしまった子どもたちは、以前より落ち込んで自暴自棄になってしまったり、これ以上傷つきたくないとあきらめてしまい、無気力になることもあります。

大人のインディゴでは、ここで言う「子ども」とは、あなたの中の傷ついたインナーチャイルドに置き換えられます。そして「親」とは、あなた自身の総合的な人格になります。

セッションには時間がかかりますし、料金も発生します。セッションを有効なものにするためには、自分を大切にする「愛のレッスン」をご自身で継続していかなくてはいけません。

たとえ悩みや問題が解決して、元気になったとしても、私たちは生きているあいだ中、死を迎えるその瞬間まで、自分を認めてゆるして愛していかなくてはならないのです。そして、自分と同じように家族や大切な人をはじめとして、ほかの人も愛し、ゆるし続けていくのです。

だれかを嫌ったりゆるせないと、自分自身が苦しみます。それは、私たちが愛の存在で、愛さずにはいられないからです。

愛したいのに愛せないから、ゆるしたいのにゆるせないから嘆き苦しみ、憤るのです。愛しゆるすことを人生を通して実践していくことが大切なのです。

インディゴチルドレンは穏やかに生きられる

インディゴチルドレンは、自分が使命をもって生まれたことを察しているために、**命について敏感**です。二歳の頃から、

「死ぬのは嫌だ。まだ死にたくない。年をとったら死んでしまうから、大きくなりたくない」

と、おびえるDちゃんがいました。

周りの大人たちは、Dちゃんがなぜそんなことを言いだすのか理解できず、どう接したらいいのかわからずに、私に会いにこられました。その子は、まだ自分の使命を達成できていないと知っているので、そう語っているのです。

インディゴチルドレンは、人はどこから来てどこへ還《かえ》るのか、知っているはずなのに思い出せなくて、悩み苦しむこともあります。

ほとんどのインディゴは才能をつぶされたり、方向を見失って途方に暮れたりしています。

とはいえ、**インディゴも他の人と同様に穏やかで幸せな人生を生きることはできます。**

本来の彼らは、もちまえの才能を発揮して、より自由で新しい世界を想像しつつ、本人も周囲も幸せになる生き方ができるはずです。

大人になっても、その純粋さを失いません。そのため、**「いつまでも子どもの心をもち続けている、才能豊かな人」**として活躍する可能性があるのです。

いま苦しんでいる大人のインディゴも、方向転換をして幸せに向かうことは、いつからでもできます。感受性と才能に恵まれた子どもたちが、これ以上の苦しみを味わわなくてすむように、私は彼らに関する知識を、多くの方にもっていただきたいと切望しています。

インディゴは、繊細で我が強くて、神経質で育てにくいところはあります。けれど、その子の個性や特性を認めて育てるのなら、それを長所として活かすことができるのです。

親の理解に恵まれて育てられたインディゴたちは、大きな葛藤《かっとう》を覚えることなく、光の方向に真っすぐ歩むことができます。

「生まれてきてよかった」「私は私のままでいい」と確信できるなら、自信をもって人生を歩めます。それは周りの大人の人生をも豊かにしてくれることでしょう。

もっとも、子どもを認めるということと、放任とは異なります。「ありのまま、あるがままを認める」といっても、子どもは人としての経験値が少ないので、親が子どもの言いなりになってわがままな言動をゆるすということではありません。愛に基づいた躾《しつけ》はしなくてはなりません。

では、子どもの心に届く躾をするには、大人はどんなポイントに気をつければばいいのでしょうか。

第2部では、繊細なインディゴについて、そしてもちろんすべての子どもたちに共通する、子育てや接し方のヒントをご紹介したいと思います。

第2部

世界を変える
インディゴチルドレン

インディゴチルドレンとの接し方

インディゴチルドレンは繊細なため、どう接していいかわからず、戸惑っている親御さんがたくさんおられます。けれど、彼らは、もともと一本気で、頭の回転の速い子どもたちです。

「子育てはこうあるべきだ」という、昔ながらの思い込みを捨てて、わが子をひとりの独立した人格として向き合うことができるのなら、インディゴの子育ては、もっと楽になるでしょう。

ここで、私が感じている子育てのポイントを、インディゴの特徴に則して、まとめてみましょう。大人になったインディゴのあなたとの接し方として読んでいただいてもかまいません。

＊　自尊心が高い。

↓　その子の尊厳を認める。自分が尊重されている実感がもてると、ものわかりがよくなりグチらない。

＊嘘《うそ》を見抜く能力があり、ごまかしがきかない。

↓　子どもだからとごまかさない。「本当？」と疑わないで「あなたはそう思うのね」と信じる。

真っすぐに子どもの目を見て、話をする。

＊根拠はないのに、「知っている」「わかっている」という感覚がある。

↓　意見や言動を否定しない。

＊命、生きること、または死に対して、特別な思いがある。

↓　本人の存在や言葉を真剣に聴き、受けとめる。

＊すべてを理解しているかのような、さめた目をしている。

↓　あまり気にしなくてよいが、正直にかかわることを続ける。

＊世間一般には、我が強いと思われがちな言動をする。

↓自己主張をしたい、わかってもらいたいとの思いで言動をしていると理解する。

＊人生の先が見えているような言動をする。

↓「子どものくせに生意気だ」と片づけないで、教えてもらうような気持ちで真剣に話を聞く。

＊戦士のように激しい気性の反面、かぎりなく優しいという二面性がある。

↓よいほうだけを見て、それを伸ばす。悪いほうは見ない。見えても取りあわない。

＊羞恥心《しゅうちしん》が強く、自分の存在自体を恥と思いがち。

↓「恥」を意識する日本文化の影響もある。物事を筋道をたてて説明するような会話を心がける。

＊　**何事も挑戦したがるが、すぐにあきてしまう（見極める力がある）。**

↓　インディゴチルドレンは「世界を変える」という目的をもって生まれてきたチャレンジャーなので、何事も経験したがるが、見極める能力にも優れ、一瞬で自分の限界がわかってしまう。そのためこれ以上続けても無駄と感じると、すぐにやめてしまう。「あきっぽい」と叱《しか》らず、信頼して、本人に任せる。

＊　**直観力が鋭く、他人の心の変化に繊細に反応する。**

↓　共感力・感情移入（エンパシィ）が強いので、状況をすぐに察するが、敏感に反応しすぎることもある。自分の問題と他人の問題を切り離して考えさせるようにする。

頭ごなしに叱らない

すべての子育てに共通することですが、心を開いたコミュニケーションはとても大切です。

とくに、**インディゴチルドレンは、優れた感受性と直観力に恵まれているため、尊厳を傷つけられることに敏感で、ごまかしをゆるすことができません。**ですから、存在や言動を認めて正直に気持ちや意見を伝え、感情にかられ嫌味っぽい言い方は避けるようにしてください。

彼らは、納得できないことに対しては、がんこに「違う！」と言い続けます。あまりに一本気で「適当に受け流す」ことがほぼ不可能なために、周りの人が辟易《へきえき》し、拒否してしまうこともあります。そこで傷ついて無力感に陥り、自分の中に閉じこもってしまいがちなのです。

正直なコミュニケーションは、お互いの人格を認めあうことから始まります。もっとも、理屈ではわかっていても、日常生活ではなかなかむずかしいかもしれません。親はつい、子どもを見下したり、コントロールするような言い方をしてしまいがちです。

たとえば、夜グズグズして寝ないときに、

「朝、起きられないから、早く寝なさい」

と言っても、テレビや遊びに夢中になっているのでなかなか寝ないことがあると思います。または宿題や勉強ができていないこともあると思います。

その結果、翌朝起きられない場合に、何と言うのでしょうか？　ほとんどの場合、

「だから言ったじゃない！」

と叱りつけるでしょう。腹立ちまぎれに、

「何度言ったらわかるの！　いつも、同じことを言わせるんじゃないの！　だからダメなのよ」

と文句を言い、挙句のはてには、

「ああ、もうヤダヤダ」「だれに似たのかしら」「こんな子に育てた覚えはないわ」

などと、グチったり嫌味を言っていませんか……。

ありがちな風景ですが、そういった頭ごなしの叱責《しっせき》や感情的な言葉は、お子さんの尊厳を傷つけていることに、気づいていらっしゃるのでしょうか……!?

ひとりひとりが、尊いたましいなのです。どんなに幼い子どもでも、自ら考える

力があるのです。朝、起きられないのは、自分の行動の結果だということを何度でも、その子ができるようになるまで、あきらめずに伝え続けてください。静かに説明してもらうだけでわかります。

頭ごなしに叱りとばされると、「早く寝なかったから起きられない」ことを反省するよりも**「自分の尊厳を踏みにじられて、存在を否定された」ことに深く傷つき、反発します。**すると親は、「なんてやっかいな子。親の言うことを聞かない、強情な子だ」と、うんざりするのです。

初めはそんな小さなボタンのかけ違いから、親子の心のずれは広がって、いつの日にか断絶してしまうこともあります。ですから、そういうときは、どうか基本に立ち返って考えてほしいのです。

では基本に返るというのはどういうことでしょうか?

お母さんが腹を立てるのは、子どもに遅刻をさせたくない、朝からわが子を怒りたくないという、親心からではないでしょうか。

その**「子どもを愛する気持ち」をストレートに、そのまま言葉に置き換えたらど**

うでしょう。


「早く寝ればよかったね。学校に間に合うように急いで支度をしよう」

または「もう遅刻をしてしまうけれど、少しでも早く行けるように支度をしよう」

と言うことができれば、その思いは、子どもの心に届きます。ひとりの尊いたましいとして、親に尊重された子どもは、失敗から学び、体験的学習となるのです。

すると、次に同じようなことになっても、子どもは自分からどうすればよいのか判断できるのです。少なくともお母さんの、

「朝、起きられないと困るから早く寝なさい」

という声かけひとつで、自分が取るべき行動に気づくはずです。

子どもへの言葉かけは、頭ごなしに命じるより、「あなたはどう思う？　どうしたい？」という表現を心がけてください。

と言っても、そんなことはわかっています！　それができないから困っているのです！　と言う声が聴こえてきます。そうなのです。できないからこそ悩むのですが、あきらめずに何度も何度も繰り返すことで状況を変えることはできます。ただし「なんちゃって」や「どうせこの子には無理」などと思っていると、必ず子ども

に伝わります。

無限大の可能性を信じて、できるまで続けることが大切なのです。

そのときに「ためし行動」があることも付け加えておきます。


子どもは小さくても立派な独立した人格をもっているということを認められれば、おのずから、かける言葉も違ってくるでしょう。


たとえば、子どもが宿題をしなかったとしても、いらいらして、

「何時だと思っているの！　学校から帰ったらすぐにしなさいと言ってあるでしょ！」

と声を荒らげるのではなく、

「宿題をしないと困るのはだれ？　お母さんはしたほうがいいと思うわ」

と話しかけられるようになります。

ただし、注意していただきたいことがあります。


子どもは社会とのかかわりや経験が少なく、常に正しい判断力があるとは言い切れません。いくつかの選択肢を与え、自分で考えるチャンスを与えることは大切で

す。それでも子どもに「ノー」と言わせたくないときや、何かを教えたいときには、率直に伝える必要があります。

Eさんは、
「子どもが朝ごはんを食べなくて、お菓子ばかり食べるのです」
と真剣に悩んでいました。子どもの意思を尊重したくて、毎朝「何を食べたいの？」と聞いていたそうです。

これでは「お菓子が食べたい」という答えが返ってきても仕方ありません。子どもに「どう思うの？」と問いかけたり、「○○してほしいの」と頼んだりするときは、子どもが答えを選んでもよいのですから！

朝ごはんの例では、子どもの心身の健全な発育にバランスのとれた食事は必要なので、メニューまで子どもに選ばせることはしなくてもよいのです。
「栄養になるから、ごはんを食べようね」
と毅然《きぜん》と、そして愛をこめて伝えてください。

すると子どもの返事や態度に振り回されることがなくなるでしょう。このとき、

「バランスのとれた食事をして、元気に育ってほしい」という思いに焦点を当てるなら、

「ごはんを食べなさい！」

とどなり散らさずに、子どもを教え導くことができるはずです。

親が感情にかられて子どもをどなり散らしてしまうと、ごはんを食べることのみに焦点が当たって、自分に愛情が向けられていないと子どもは受け取ってしまうのです。

愛のある躾《しつけ》を受けられずに、場当たり的な親の感情や八つ当たりをされて怒られながら育った子どもは、愛を信じられない、悲しい存在になってしまいます。

先回りして命令しない

子どもだけでなく大人でも、**自分からしようと思っていることを先回りして命令されたり、威圧的な態度で追い込まれるのを、嫌がります。**

たとえば、子ども自身が遊びをきりあげ、おもちゃを片づけようとしているとき

に、

「早く片づけなさい！」

と言われると抵抗をします。片づける必要があるのはわかっていても、上から押さえつけられることに反発をして、「嫌だ！」と拒否するのです。

すると親までいらいらして、

「何度同じことを言わせるの！」「だらだらしていないで、早く！」「言われる前にさっさとしなさい！」

と叱りつけるので、子どもはさらに反発し、心を閉ざしてしまうので、関係が悪化していくのです。

子どもを片づけに導きたいときは、

「もうすぐごはんだから、その前に片づけようね」

「はい、もう遊びは終わり。片づけてね」

と、語りかけてみてください。

「わ〜うれしい。あなたが片づけてくれると助かるわ」

と感動や感謝を伝えることが大切です。

権力には屈しないインディゴでも、自分の存在を認められる（存在の受容）ことを欲しています。「お母さんの役に立ちたい。喜ばせたい」と、積極的に片づけるはずです。

子どもが片づけたら、

「ありがとう。きれいになったわね〜うれしい」

と喜んで、感謝の気持ちを伝えてください。


「ちらかしたのは子どもだから、子どもが片づけるのがあたりまえ」と考える人がいるかもしれません。けれど、「片づいてよかった」という気持ちがわくのは自然なことなので、それをそのまま伝えていくことでよい親子関係を築いていけるのです。


では、「片づけてね」と静かに語りかけても、子どもが無視をして遊び続けたり、「嫌だ！」と聞く耳をもたなかったりしたときは、どうすればよいのでしょうか？

子どもは大人と違う時間の流れの中を生きています。大人からは、ただの混乱した部屋にしか見えなくても、子どものイメージの中では何らかの意味があるのです。片づけの時間を少し延ばせないのか、もう一度考えてみてください。

それでも、どうしても片づけが必要だと判断したときには、「なぜいま片づけなくてはならないのか」という理由を説明しましょう。そして子どもの理解力を信じて、見守ってください。

ここで少し、ご自身が子どもの頃のことを振り返ってみましょう……。

子どもの頃に、勉強しなくては……、片づけなくては……お手伝いをしなければと思っている矢先に、親から「早くしなさい」と言われて、急にやる気がなくなったという経験がありませんか⁉「大人は子どもの心がわからない」と、不満に思っていた方も多いはずです。

ところが、皮肉なもので、自分が親になると、まったく同じことを繰り返してしまいがちなのです。私も親になったとたん、かつて自分が優等生でいたかのような錯覚に陥って（と母に言われました）または自分が困ったように、「わが子が社会に出たときに困らないように、きちんと躾けなければ」と気負って、偉そうにお説教をしたものです。

子どもの心が見えないときや、心が通いあわないと感じたら、自分がかつてどう思っていたのか、どうであったのかを振り返ってみるとよいのです。

共感する

Fさんから、こんな相談を受けました。

「外出するたびに、子どもが歩かずに困っています。『おうちに帰りたいよ。だっこして』とぐずるので、私もいらいらして、つい、『そうやってぐずって歩かないから、いつまでたっても帰れないんでしょ！　さっさと歩きなさい！』と、どなりつけてしまいます。また、ぐずられると思うと外出が面倒になり、家に閉じ込もってしまいます。すると、子どもも私もよけいにストレスがたまってしまうのです」

私はFさんに、まず子どもの「疲れた」「だっこしてほしい」という気持ちに共感すること、そして、だっこができるときはだっこをして、だっこができないときは、

「ごめんね、ママも疲れているから、だっこができないの」

「早く帰れるように、一緒に歩こうね」

「荷物をいっぱいもっているから、だっこできないの。ごめんね」

「ママも早くおうちに帰りたいから競走しよう」

などの自分の気持ちをそのまま言葉にするようにお伝えしました。

次に子どもが、

「疲れたよ。歩けないよ」

とぐずったとき、

「本当ね。ママも疲れたから早くおうちに帰りたいよ」

と共感してみたところ……。

その子はぐずらずに黙々と歩き始めたそうです。

「だっこしてもらいたいくらい、疲れた」ということを、お母さんにわかってもらいたかったのでしょう。そこで、自分の気持ちを理解してもらえたと納得できたので、ぐずる必要がなくなったのです。

インディゴは、つむじを曲げやすいため、扱いにくい子どもと思われがちです。けれど、**自分の言い分を頭ごなしに否定されず、大人から理由や状況を率直に説明してもらったり、「あなたはこういう思いなのね」と理解を示してもらえると、肯定されたと感じて、かたくなな心を開き、自分の道を見つけることができます。**

意思がはっきりしているので、「わかってもらえた」と感じると、多少の不満を感じていても、気持ちを立て直すことができます。ここが甘やかされて育った「わがままな子」と自己主張の強いインディゴの違う点です。

ただの「わがままな子」だったら、いつまでも「嫌なものは、嫌」と、ぐずり続けるでしょう。ところが、**インディゴは、自分の意思や存在が尊重されたとわかるとすぐに気持ちを切り替え、自分の意思で次の行動に移ることができます。**

そういうケースを聞くと、彼らは本質的に理解力が高いことがよくわかります。

尊重する

「子どもの気持ちを知りたい」「様子を見てほしい」と親子一緒のセッションを希望される方に共通する出来事があります。

聞こえないふりをしたり、斜に構えた目をしたり、反抗的な態度をする子に向かって、「大人（親）や先生は嘘つきだと思っているでしょう⁉」と聞くと、ほとんどの子が「うん」と答えるのです。

そんな反抗的な態度で先生や親に「ばか」と言ったり、殴りかかる子、嘘をついたり、話をしないで泣いてしまったりする子には必ず理由があります。

最初は「知らない、わからない」ととぼけていても、「そうなんだ、わからないんだ……怒られるから嫌だよね～、めんどくさいよね～」と共感をしながら丁寧に話していくと、答えてくれるのです。

・いじめているわけではないのにいじめたと言われる（怒られる）
・嘘をつきたくないのに、怒られたくないから言ってしまう

・泣けばいいと思っていないけど、悲しくなって説明ができない
・すぐに怒られるからもう言わない……等

未就学児でもとくに体格のいい子は力があるので少し触れただけで勢いあまって、叩《たた》いた、いじめたと誤解をされたり、発達障がいと決めつけられてしまいます。幼稚園の転園を考えるほど悩んで相談に来られたお母さんと息子のGくんもそうでした。

幼稚園でひとりの子にだけ意地悪をすると言われて、担任から「問題だ、発達障がい児向けの療育に行ってください」と毎日のように怒られているとのこと。家では問題はなく、保健所で相談をしても「発達障がいとは違うように思いますが……」と首を傾《かし》げられてしまったそうです。

ところが最近は、担任に対してばかと罵声《ばせい》をあびせて殴りかかるようになってしまったというのです。五歳のGくんは活発で賢くてかわいいお顔をしていました。

私：困っていることはある？

G：ないよ。
私：そうなんだ、困ったことはないのね～、じゃあ嫌なことはない？
G：あるよ～。
私：あるんだ～、嫌なことを教えてくれる？
G：うん。ぼくね～イケメンになれないの。
私：イケメンになれない⁉って、すごくイケメンだと思うよ～。
G：違うよ、もっとイケメンになりたいんだ！
私：（真剣に悩んでいるGくんがかわいくて思わず笑）そうなんだ、どうしたらもっとイケメンになれるの？
G：怒られるとイケメンになれるんだ……。

自主性を育《はぐく》むことで有名な幼稚園に通っているのですが、Gくんは先生に叱られるとイケメンになれるから嫌ではないと言うのです。
話を聞くと、いつも独りぼっちのHちゃんが気になって、一緒に遊んであげたいと誘っているのに、それなのに「嫌、嫌い」と言われる。それでも誰も声をかけないので、「あっちに行こうよ〜、一緒に遊ぼうよ〜、楽しいよ〜」と腕をもったり、手をつなごうとする。するとHちゃんは嫌がって泣き出してしまう。その結果「Hちゃんをいじめてはいけません！」と先生が怒る↓「いじめていない、遊びたいだけ」と言っているのにわかってくれない↓その繰り返しで毎日怒られる。理由を説明しているのにわかってくれない先生のほうが「ばかだ」と思ってしまう、ということでしたが、よくあるご相談内容です。

毎日のお迎え時に「今日も反省することもなく繰り返すので本当に困ります」と担任から告げられるので、お母さんは問題児の息子が悪いのだから、なんとかしなくては！　と焦るのですが、解決方法もなく途方に暮れてしまったのです。それでも先生や幼稚園を嫌いになってほしくないと思ったお母さんは「先生はGを大切だから怒ってくれる」「(人の気持ちをわかる)カッコイイイケメンにするために怒られているの」などとフォローを入れていたのです。

お母さんが大好きなGくんは、「先生に叱られるのは嫌ではない、ぼくのことをイケメンにするために、大切に思って怒ってくれている」とすり替えて思い込んでいたのです。

私：大切にするってどういうこと？
G：優しくする。
私：優しくされるとどう思う？
G：うれしい。
私：じゃあ先生に怒られるとうれしい？
G：悲しい。
私：（叱られることに対して）心はなんて言っている？
G：嫌。
私：そうだよね……怒られたら嫌だよね。
G：うん。
私：ママに教えてもらった考えはどこにある？
G：頭。
私：頭はなんて言っている。

G：イケメンになるために怒られている。
私：怒られるとイケメンになれるんだ～じゃあもっと怒られるといいね♪
G：でもね～嫌なの、もう怒られたくないの……。

そうなのです。Gくんの心とたましいは気づいているのです。大切にすることは怒ることではないと……。

私：じゃあ「怒られなくてもイケメンになれるよ」って（頭に）教えてあげて。
G：うん。
私：頭はなんて言っている？
G：怒られてイケメンにならなくていいよ。
私：心はなんて言っている？
G：うれしい、よかった。

お母さんがGくんを傷つけたくないと「イケメンになるために、大切に思って怒ってくれている」と伝えた言葉によって、「もっとよくなりたい」→「もっと怒られればイケメンになれる」→「（怒られるために）やめなさい、いけないと言われることをする」→「その繰り返し」というパターンができてしまったのです。

自らの成長のために叱られても叱られても努力をするというチャレンジャーのGくんに誤った認識を与えて苦しめてしまったとお母さんは心から謝りました。

その後のGくんはお友だちの嫌がることはしなくなったそうです。

冷静さを失わない

インディゴチルドレンは賢いといっても、子どもは子どもです。自尊心が高いので、我が強いと思われがちです。自分の思いが通らないと、泣きわめいて手がつけられないようなこともあるでしょう。

いつまでも泣き叫ばれていると、子どもが泣き始めた原因などどこかに飛んでいってしまい、「泣き続けている」という事実に親はいらいらして、子どもに負けないくらい大声で叱ってしまいがちです。

そんなときは、「いけない。これは罠《わな》だわ」と思い直してください。深呼吸をして、子どもの笑顔や、かわいい寝顔を思い浮かべ（イメージング）、ひとまず冷静さを取り戻しましょう。


「叱るとかんしゃくを起こすんです」

「いつまでも駄々《だだ》をこねるんです」

「ぐずり始めると、なかなか泣きやまないんです」


このような相談を受けるときに私がしばしばお勧めするのは、**「タイムアウト」**という方法です。


何かをやめさせたり、始めさせるために子どもを叱るときに、一般的には、

「『いい加減にしなさい！』『早くしなさい』または『やめなさい』と怒る」

「三秒ルール（『三秒以内に〇〇しなさい』と指示してカウントする）」

「ひとりだけ部屋に閉じ込める」

「子どもを外に出す」

「『〇〇しないと××させない』という交換条件を出す」

といった、威圧的な反省をさせる方法があります。
けれど、私のお勧めする「タイムアウト」は、そんなお仕置きのようなものではありません。

まず、親の姿が見える部屋の一角を使用するか、あらかじめ決めておいた椅子《いす》や場所に子どもを座らせて、
「ここで少し、考えてみようね」
と時間を与えてクールダウンをさせるのです。

すると、**子どもは興奮をしずめて、客観的に考える時間をもてるようになる**のです。子どもは、泣きわめいた場から離れることで、自分のした行動や状態を見直します。**少し時間をとることは、親が冷静さを取り戻すためにも有効です。**

「タイムアウト」は、親が一緒にいる部屋で「自分がした言動を考える時間をもつ」ことに意味があります。独りぼっちで押し入れやお風呂に閉じ込められると、いた

ずらに不安をかき立てられるばかりで、子どもは冷静に考えることができません。繊細な子どもの場合、トラウマを残すこともあり、紙一重で虐待になります。

けれど親と同じ部屋にいて、お互いに姿を見ることができれば、子どもは「見捨てられた」恐怖を味わわずにすみます。

インディゴチルドレンには、自分で考える力があります。

親にあれこれ言われることなく、ひとりで考える環境をととのえれば、子どもなりに状況を見つめ直し、自ら反省ができるのです。反省を強要しても反発を呼ぶだけですから、親は、子どもが自分で顧《かえり》みられるように導けばいいのです。

もっとも「タイムアウト」には、ちょっとしたコツと、親や周りの人の協力、そしてかぎりない忍耐力が必要になります。そもそも、子どもに冷静になってもらう場所に連れていくこと自体が大変です。興奮している子どもは、ますます泣き叫んだり暴れたりします。

二歳児でも、ものすごい力で抵抗しますが、親は決して力ずくで羽交《はが》いじめにしたり、怒りをむきだしにしてどなったりしてはいけません。**子どもと同じレベルで**

興奮したり、自分を見失ってはならないのです。

暴れる子どもは、抱きしめましょう。そして、子どもがその場にいられるようになるまで、穏やかな声で、

「泣きたければ泣いていいよ。好きなだけ泣いたら泣きやもうね」

と繰り返し教えてください。そして泣きやんだら、思いっきり抱きしめてください。

小さい子どもの場合は、泣きやんだだけでよしとしましょう。泣き始めた原因について、あれこれ諭す必要はありません。

気性の激しいインディゴは、いったん泣きだすと止まらないこともあります。手がつけられなかったら、**「泣きたいだけ泣かせる」**または**「一緒に泣く」**という方法がよいでしょう。

かんしゃくを起こして火がついたように泣き叫び、二時間でも三時間でも泣き続けるときもありますが、安全な状態で、気がすむまで泣かせるのもよいことです。

ずっと泣いているとのどがかわくので、

「お水を飲む？」

と話しかけると、泣きやむきっかけになることがあります。

それでも泣きやまないのなら、子どもが落ち着きを取り戻して話しかけてくるまで、見守っていてください。

子どもをながめ続けている必要はなく、「ごはんの支度をするね」とひと声かけてから、家事をしてもよいでしょう。けれどその場合も、心は常に子どもにかけていてください。

興奮がさめたら、抱きしめて、

「泣きやんでよかった」

と伝えましょう。このとき、なるべく子どもの目の高さにしゃがんで話しかけるとよいでしょう。


親が動揺しなければ、子どもは少しずつ、「泣いても問題は解決しない」ことを学びます。すぐに実行できなくても、あきらめないで続けることが大切です。

子どもにルールを教えることが大切なのです。

前述したように孫のカズヤもインディゴの、激しい気性のゆえにいったん泣きだすとなかなか泣きやまない時期がありました。それでもあきらめずに根気強く接したので、三歳のときには、

「タイムアウトする?」「コーナーに行って考えてみる?」

とたずねるだけで、すぐに自分の行動を見直し、何をどうしたらよいのか考えられるようになりました。

このとき大切なことは、「そんなことをしているとタイムアウトをするよ」「コーナーに行って反省しなさい!」などと、「脅迫」や「お仕置き」をしてはいけません。「そんなことを言っても、とにかく言うことを聞かないのです」「それで言うことを聞くようなら苦労はしません。うちの子は特別です」とため息をついている方もおられますが、子どもの成長は早いものです。すぐに学び、レベルアップをしながら成長をし続けているのですから、大人のほうこそ、子どもに置いていかれないように、成長し続けていきたいものだと思います。

見ている世界を裁かない

インディゴは、**「自分は自分。何でも知っている」**という、高いプライドをもっています。それが鼻につくという親もいますが、成長するにつれていつの間にか子ども自身が、そんなプライドは無用だと気づきます。

それまでのあいだ、勘違いをしたり、まちがえたり、自分勝手な思い込みも多いのですが、その子にとっては真実なのです。

「嘘をつくな」

「子どものくせに、生意気だ」

「わけのわからないことを言っている」

などと批判せず、**ありのままのその子を認めて、あたたかい目で見守ってあげてください。**

すべての子育てに共通する基本でもありますが、親が考える「正誤」や「よい・悪い」、「好き・嫌い」で子どもを裁いたり、軽々しく決めつけたりしないでほしいのです。

とくに、インディゴチルドレンの特徴のひとつに、全能感やこの世を超えた世界を**「知っている」**という感覚が強いことが挙げられます。

一般には見えない、存在しないと思われている存在が見えたり、コミュニケーションがとれたりすることも多く、

「天使と一緒に遊んだ」

「妖精《ようせい》が見える」

「死んだおじいちゃんがいる」

「生まれる前に、空の上から見ていたんだ」

などと語ったり、神さまや仏さまの話が大好きだったりします。

植物や動物とおしゃべりする子も、「見えない友だち」のいる天井に向かって話しかけたりする赤ちゃんや子どもがいるのです。

孫のカズヤも、不思議な記憶がたくさんあります。

二歳半のときに同じスポーツクラブに通う友だちができました。三人グループで、

まるで前世からの仲間のように、あっという間に親しくなりました。そして気がつくと、三人がお揃《そろ》いの三輪車のバイクをもっていたのです。

あるとき、カズヤは（私の娘である）母親に、

「マミーとバイクに乗ったら、死んじゃうんだよ」

「マミーが男の子でぼくが女の子のとき、事故で死んじゃった。だからマミーはバイクに乗っちゃいけないんだよ」

と言いだしました。

前世の記憶かもしれないと思った娘は、カズヤの友だちにも聞いてみました。するとほかの二人からも、

「バイクに乗って、死んじゃったんだ」

「ぼくも、そうだ」

という答えが返ってきました。私も興味をもったので聞いてみたところ、

三人は前世ではオートバイ仲間で、グループで事故を起こし、死んでしまったというのです。そして、その後には、亡くなった私の次男として生きて、死んだとき

の記憶も語ったのです。

私も胎内記憶や出生前記憶があるので、娘もこの世を超えた世界を認めているので、カズヤの話をそのまま受けとめることができました。けれど、このような知識のない親の中には、子どもが見えない世界について話しだすと、頭から否定する方もおられるようです。

私自身も小さい頃に天使や妖精を見ることができました。けれど、母親にそう話したところ、

「何をばかなこと言っているの。嘘をついたらいけません」

と叱られて、深く傷つきました。そして、語ることをやめて、記憶や能力をシャットアウトしたのです。とてもつらい経験でした。

実際に見えている世界を、

「おかしい。嘘つきだ」

と批判されると、子どもは、

「自分は変なんだ」

と思い込み、強い自己否定に落ち込んでしまいます。

スピリチュアルな世界をテーマにしたテレビ番組はおもしろがるのに、いざ自分の子が「視える」となると、驚いたり否定したりするのはいかがなものか、と思います。


旧版の本にも書きましたが、アメリカでは、サイキックの子どもを集めたキャンプが開催され、それぞれの能力を伸ばす試みがあるそうです。日本でも、インディゴチルドレンが認知されるにつれて、今後はそのような動きがもっと生まれてくるかもしれません。


その一方で、子どもの話を頭から否定するのとは正反対に、子どもが見えない世界の話を始めると、根ほり葉ほり聞いて質問攻めにする親もいるようですが、子どもはそういうことを望んでいるのではありません。

見えない世界の話をするときに、「すごいね！　お母さんも見てみたいわ」というらやましがる必要はありません。親が見えない世界を特別視すると、子どもは親を喜ばせたい一心で、つくり話をしてしまうかもしれないからです。

それよりも、年齢が高くなったり、いつも「見えない世界」について語っている子どもが、ある日とつぜん語るのをやめたときは、気をつけていただきたいのです。もしかしたら、友だちやほかの大人に、

「でたらめばっかり言っている」

と批判をされたり、からかわれたりして、傷ついているのかもしれません。そんなときは、

「最近は、妖精さんのお話をしないの？」

と聞いてみてください。そして、だれがなんと言おうと、「私はあなたの世界を認めている」ことを伝えて、子どもの心を優しさで包んでほしいのです。

子どもは、ただ自分の世界を、そのまま受けとめてほしいだけなのです。否定されるのではなく、気の利いたコメントを欲しいわけでもなく「そうなの」とただ肯定をしてほしいのです。自分の世界を正直に語っても、否定されず、裁かれず、「そうなのね」「あなたにはそう見えるのね」と、**シンプルに受け入れることで、子ど**

もは安心します。

現代人は、目に見える世界しかないように教え込まれているせいで、「見えない世界」を否定しがちです。

けれど、心、気持ち、氣、愛が存在するのを私たちは知っています。

「見えない世界」は、たしかに存在するのです。

表面的には「見えない世界」を否定している人も、心のどこかで、生きる意味の源泉として、「見えない世界」を求めています。

超常現象に免疫がない人はオカルトでちょっとした現象に出合うと、「探していたものが見つかった」と過剰反応してしまい、のめり込んで、バランスを崩してしまいがちです。これは、社会的な問題のように思います。

コントロールをやめる

子どもが求めているのは共感の言葉であり、お説教ではありません。

心が動く出来事があったとき、だれかに共感してもらうと、その事実を受け入れることができます。それは「妖精が見える」ということや、何か楽しい体験をしたというときだけでなく、トラブルがあったときも同じです。

「ぼく、悲しかったんだ」

と言ったとき、

「そうなんだ、悲しかったんだね」

という答えが返ってくると、「共感してもらえた」という事実を支えに、自分でトラブルを乗り越えることができます。

つい「がんばれ」と励ましたり、手をさしのべて解決しようとしがちですが、多くの場合、よけいなお世話なのです。

インディゴたちは自立心が旺盛《おうせい》なので、親の干渉に人一倍反発します。ところが、それを理解できない親は、親の権威を振りかざして、コントロールしようとするのです。子どもが成人した後も干渉を続け、親子間のトラブルが絶えないケースがあります。

私の母も、そのひとりでした。母は認知症が進んで、私の娘を私と思って、

「あなた、仕事は大丈夫なの。今日は何をするの」

と私の予定をたずね、仕事があると答えると、

「それはダメよ。働きすぎよ。具合が悪くなったらどうするの!?　すぐにお断りしなさい」

と私をいましめたり、母の言うことを聞かせようとしました。

私は孫もいるような年齢でしたが、**母にとっては何歳になっても娘は娘、保護しなければならない存在**だったのでしょう。

悪意はまったくないので、心配をしてくれる親心に感謝をしたほうがよかったのかもしれませんが、このような善意の押しつけはときに厄介で干渉されたくないと思ったこともありました。後には、何を言われても母をかわいいと思えるようになりました。

けれど、自分の生き方を確立しようともがいている思春期や青年期には、あるいは大人になっても親の過干渉やコントロールは、子どもにとってはうっとうしく感じるものです。親が口出しすればするほど反発を招き、状況や親子関係はかえって

悪くなるのです。

親子関係は一朝一夕にしてなるものではなく、お腹の中から築いてきた親子関係の延長線上に「いま」があります。子どもがトラブルを抱えていればいるほど、親は「子どもを信じて見守る」姿勢が求められます。

子どもをひとりの存在として認め、尊重することを忘れなければ、そのときどきで自然に望ましい接し方ができるのです。

親だから、偉いのではないのです。

親だから、すべてをわかっているわけではありません。

たしかに、子どもは経験が浅く、はらはらすることをしでかすときもあるでしょう。けれど、親はすべてを知っていて、いつでも正しく子どもを教え導けると考えるのは、あまりに非現実的です。

意外に思われる方がおられるかもしれませんが、子育てでよくある勘違いは、**「私がこの子をきちんと育てなければ」**という思い込みです。

親も、子どもと一緒に試行錯誤をしながら、学び成長をして、親になっていくのです。

そもそも、子どもはみんな、「親の成長を助ける」という役目をもって生まれてきています。子どもが本当は何を求めているのかを考えたり、教えてもらいながら〝たいわ〟を楽しみ、コミュニケーションを深めていくことが大切です。

信じて、待つ

ささやかなことかもしれませんが、私が気になっていることがあります。

子どもは、人から物をいただくと、「わーい！」と大喜びします。うれしいから、喜びを全身で感じたり表現します。おおっぴらに歓声を上げる子と、そうでない子がいますが、まず「うれしい」という気持ちが先に来ます。

その後、すぐに「ありがとう」という言葉が続けばいいのですが、喜びのあまり、そこまで気が回らない子どもも多いのです。

するとと横にいる親がすかさず、

「ありがとうは？　ありがとうって言いなさい」と、たたみかけるように言うのです。たしかにあいさつを教えることは大切でしょう。けれど、**子どもを信じて待つ姿勢は、もっと重要です。**

そんなふうに頭ごなしに叱られたら、のどもとまで出かかっていた「ありがとう」も引っ込み、かたくなに口を閉ざしてしまうでしょう。子どもにお礼を言わせたかったら、まず一呼吸置いて、子どもの様子を見守ってください。

どんな表情をしていますか。

何を感じているでしょうか。

「ありがとう」と言おうとしているかどうか、待ってみるのです。それでもお礼を忘れているようなら、親が代わりに、「ありがとうございます」と言えばいいのです。するると、子どもは親の姿を見て、あいさつを学びます。

躾は「身を美しく」と書きます。世間体のためではなく、子どもの幸せや健やかな成長を願ってするのです。

これは本当に、ごくささやかな例ですが、こんなところから、親が子どもを尊重しているのかどうか？　わかるような気がします。

「ありがとうは？」と迫る親自身も言葉だけでない、心からの「ありがとう」という感謝を暮らしの中で感じて伝えられていないように思います。

実際に子どもが親を喜ばせることをしても、親が素直に「ありがとう」と伝えていないことがあります。

子どもは、すぐに叱られるのに、よいことをしても認められず、ほめられないことが多いように思います。よいことはしてあたりまえ。まちがったら、厳しく指導される。それは、子どもにとっては悲しい出来事なのです。

「いままでの子育てはまちがっていた」と思ったら

親心というのは、やっかいなものです。

わが子の幸せを願う気持ちが出発点にあっても「よりよい人生を送るには、ぜひこういう子であってほしい」という思いが高じて、「こういう子でなければならない。言うことを聞かない悪い子だ。嫌い。愛せない」というメッセージを送ってしまうことがあります。

それは子どもの成長にはまったく役に立たず、心を傷つけ、親子関係をズタズタにするだけです。

私は、セッションにいらした親御さんから、

「これまでの子どもへの接し方はまちがっていました。取り戻せるでしょうか」

という相談を受けることがあります。そんなときは、

「その思いを、言葉にして、お子さんに伝えてください」

とお伝えします。

親がまちがったことをしたと思ったら、その時点で、子どもに心から謝ることが大切です。ただし、子育てをまちがってしまったのではなく、「あのときはそれが正しいと思った。でもあなたが望んでいたこととは違っていたとわかったので謝ります」と誠心誠意、謝らなくてはなりません。インディゴは人の心を読むのに長《た》けていますから、口先だけの言葉には、かえって反発するでしょう（「違い」は「まちがい」ではありません）。

思い出すのが、先にもご紹介したインディゴのたかしくんです。

たかしくんは、お父さんも同席していたセッションのときに、

「はい、はい。悪かったね」

とお父さんが言ったことに、

「本気で謝っていない」

と、烈火のごとく怒りだしたことがあります。


謝ったら親の権威がなくなるなんて思う必要はありません。まちがいを認めることで、子どもの気持ちを尊重して、本音で語ってくれる親を尊敬し、大好きになるでしょう。とくに、子どもが小学生くらいまでは、親の気持ちを素直に受けとめてくれますが、その後は親の接し方で変わってくるのも事実です。

あるお母さんは、子どもが八歳になったとき、ふとしたきっかけで、**それまでの接し方が虐待だったことに気づきました。**


よかれと思っていたことが、結局、子ども自身のためではなく、世間から見た「よい子」を求めていただけだったと自覚したのです。そのお母さんは、

「いままでのお母さんはまちがっていた」

と率直に謝りました。子どもは、

「いいよ。お母さんは知らなかっただけだから。でもこれからは気をつけてね。お母さん、大好き」

と言って、お母さんに抱きついたそうです。

お母さんは涙にくれ、心から反省をしました。すると、お母さんの子どもへの対応が、自然に変わったのです。子どもはそれを素直に受け入れて、親子の絆《きずな》は強まっていったのです。

親は子どもに、「まちがったと思ったら、謝りなさい」と教えますが、**まず親自身が、「ごめんなさい」と謝ることでお手本になればいいのです。**

もっとも、親子関係がこじれたままで子どもが中学生くらいになると、親の反省は、すぐには受けとめてもらえないことが多くなります。長いあいだにつもりつもった不信感をぬぐい去るまでに時間がかかるのです。

それまでは絶対の存在だった親に突然、謝られると、どうしていいかわからなくなって、不安から不信感をもってしまう子もいます。そのときには、「あなたの本心を理解できなくてごめんなさい。あのときはそれが正しいと思っていたの」と伝えてください。

親が謝っても、子どもは、親が本当に反省をしたのか、「ためし行動」をします。親子関係を回復していくプロセスで、わざと親を困らせる行動をして、親の反応をためすのです。これは、実は一見困った行動ですが、**「愛の確認作業」**なのです。

ですから、愛を伝えたいと望むならば、揺れ動かないでください。だれよりも子どもを愛している気持ちに自信をもって接していれば、その思いはいつか伝わります。

ひどい「ためし行動」は、それまで甘えられなかった子どもの心の叫びだと思って、とことん付き合っていただきたいと思います。

子どもを受け入れられないお母さん

子育て真っ最中のお母さんにお願いしたいことがあります。

それは、わが子がインディゴだからといって、子育て放棄の口実にしてもらいたくない、ということです。

残念ですが、

「育てづらいけど、障がいがあるわけじゃなくて、インディゴなんだから、まあいいわ」「インディゴだから、しかたない」

と、あきらめてしまったり、

「私とそっくりで、いらいらする」

と、よけいに苛立《いらだ》つお母さんがいます。

とくに、お母さん自身が未解決の問題や葛藤《かっとう》を抱えながら大人になったインディゴの場合は、そういう問題が生じやすいのです。

子どもと向き合うと、**自分の心のもやもやも見つめなくてはなりません。**それができずに、子どもとのコミュニケーションから逃げてしまうのです。

そういうお母さんは、交換条件をもち出したり、子どもが騒いだらお菓子を与えたり、かんしゃくを起こしたらひたすら甘やかしたりして、物事をすりかえて、目の前の子どもや現実から逃げてしまいます。文句を言いながらも、結局は子どもの言いなりになってしまいます。挙句のはてに、お母さん自身が疲れはてて、

「もう知らない！　勝手にしなさい」

とどなったり、突き放してしまったりしますが、子どもが求めているのはそんなことではありません。子どもはお菓子が欲しいわけでも、甘やかされたいわけでもないのです。

置かれている現実に向き合ってもらいたいのに、その願いがかなえられない子どもは、ストレスがたまって、ますますわがままになったり暴力的になります。するとお母さんは、ますます子どもと向き合うことから逃げ出し、どなったり突き放したり、謝ったりする悪循環にはまってしまうケースも多いのです。

最近のご相談で多いのは、お母さんが何でも子どもの言う通りにしながら、

「この子、本当に嫌なんです。私と相性が悪くて！」

などと子どもの前でも口走って、子どもを傷つけていることにさえ気づけない方が増えています。

「私を見て！　ぼくを認めて！」という子どもの心の叫びが聞こえてくるようで、切なくなります。

子どもではなく、お母さんに問題があるケースも

子どもの問題についてカウンセリングにこられる方には、お母さんに課題や問題のある場合が多いのですが、その典型的なケースをご紹介しましょう。

Ｉちゃんのお母さんのＪさんは、

「この子をふつうの子にしてください」

と言って、小学生の女の子を連れていらっしゃいました。Ｉちゃんは絶えず動き回っていて、机に向かって座ったり、あいさつをしたり、会話をすることができませんでした。

とりあえず、私の娘がＩちゃんの託児をして、私はＪさんと話をすることにしました。

「お母さんは『ふつうの子』とおっしゃいますが、ふつうの子とはどんな子ですか」

とたずねると、Ｊさんは、

「ふつうに、あたりまえのことができる子です。こんな子、いりません。死んでくれればいいって思います」

と断言したのです。

「本当に死んでしまったら、どうするのですか」

と私がたずねると、

「死んでみなくちゃ、わかりません」

と投げやりな答えが返ってきました。思わず、

「人生、何があるかわかりませんよ。娘ちゃんにもしものことがあったら、私が『死んでしまえばいい』と思ったから？　とつらくなりますよ」

と伝えました。けれどお母さんは表情ひとつ変えず、

「それはなんとも言えません。そのときになってみないとわかりません」

と言われたのです。

お母さんは感情をブロックして心を閉ざしていました。目の前のIちゃんを受け入れられないのです。**お母さん自身が「傷ついたインディゴ」だったのです。**

Jさんの成育歴をうかがうと、やはり親子関係の問題を抱えていました。次女として育ち、要領の悪い姉が叱られるのを見て育ったので、叱られずにうまく生きていく方法を身につけながら成長をしたのです。「よい子」でいるために自分自身の感情や思いに蓋《ふた》をして閉じ込めて、いつも親や周りの人の顔色を見ながらすべてに期待をしないようにして、あきらめて生きてきたのです。ですから、自分の感情や思いがわからなくなってしまっていたのです。

ひと通り事情を聞いた後でIちゃんを部屋に呼び戻しましたが、明らかに知的障がいがあることが伝わってきました。

Iちゃんは私の反応を見ながら、私を叩きました。よほどストレスがたまっていたのでしょう。そこで、私はやんわりと、

「叩くのはやめて」

と伝えました。すると、「ほとんど話せない子です」とJさんが言っていたのに、叩くのをやめておしゃべりを始めたのです。

一時間ほど遊んだ後で、

「じょうずにお話しできますよ。かわいいわね」

と伝えるとJさんの表情が和らぎ、顔をほころばせて、

「そうです。うちの子、いい子なんです」

と涙を浮かべられたのです。


Jさんは、躾と称してIちゃんを叩《たた》いて叱っていました。学校の先生にも、「厳しく躾けてください」と頼んでいたそうです。私は、

「それは違います。子どもには子どもの思いがあるのです。頭ごなしにどなったり叩いたりするのは、やめてください」

とお願いをしました。翌日、Jさんは再び来られて、

「オネショをしたけれど、私は叱りませんでした」

と報告してくれました。

セッションを受けた夜に、Iちゃんが初めてオネショをしたというのです。お母さんに**受け入れてもらえたので、安心したのでしょう。**

「お母さん、叱らなかったのですね、偉かったわ。ありがとう」

とお礼を伝えました。

その後、一週間Iちゃんの「愛の確認作業」は続きました。お母さんが本当に自分を受け入れてくれたのか？　わざと困らせる行動をして反応を見ていたのです。

数日後に会ったときに娘ちゃんがお母さんをひどく叩きました。お母さんは、「子どもを叩かないで」という私の言葉を守って、叩き返しませんでしたが、叱ることもせず、されるままになっていました。

そこで私は、

「お母さんが叩き返さないのはよいことですが、『叩いてはいけない』と、教えなくてはいけません」

と伝えました。

その後、お父さんを交えてセッションをするようになりましたが、お父さんは私を信頼してくださいました。

Jさんは、学習面を心配して塾に入れたり、将来役立つような習い事をさせたい

と望んでいたのですが、Iちゃんはお母さんと一緒にいたいと思っていたのです。

お母さんにありのままを受けとめてもらいたいIちゃんの気持ちを尊重することで、ご両親が望むような方向に進んでいきました。

しばらくするとJさんは再び、

J：学校の先生に「ふつうの子と同じように、座って授業を受けられるようちゃんと躾をしてください」と頼みました。

と言われたのでした。

私：学校にそれを期待するのは、無理ですよ。だいいち、「ふつうの子」って何ですか。世間を騒がす事件を起こすような子でも「ふつうの子だった」と言われることがあります。それに、Iちゃんはだれにも迷惑をかけていませんよ。

J：世間にこの子を変だって思われたくないんです。

と言い続けたのです。

私：お母さんのいまの苦しみを解決するには、まず、お母さん自身が変わる必要があるのではないでしょうか。お母さんも子どもの頃に「こうあってほしい」と親から求められて苦しかったでしょう？　ありのままの自分を認めてほしかったのではないのですか。

J：先生はわかってくれない。私の気持ちを受け入れるのが、カウンセリングでしょう？

と怒りだしてしまったのです。お母さんは、カウンセリングの勉強もたくさんしていて、さまざまな心理療法に詳しかったのです。

私：おっしゃることは、ごもっともです。私の経験からわかることをお伝えしました。お母さんがIちゃんの現実を受け入れることが大切ではないのでしょうか。

J：問題があるのは、I子なんです。この子を何とかしてください。

私：それは無理です、ごめんなさい。一緒に考えて取り組んでいくことはできますが、それにはまず、お母さん自身が気がつかれないとむずかしいのです。お父さんは「娘が居心地のよい場所を見つけたい」と言われているのに、お母さんが現実を認められないので申し上げますが、特別支援学級などに通わせて、居場所をつくってあげることや、個性を伸ばすことを考えられたらいかがですか。とお勧めしました。

するとお母さんは「もういいです。ここには来ません」とシャットアウトされ、連絡が途絶えてしまいましたが、のちに、またセッションに通われるようになりました。

そしてありのままのIちゃんを受け入れることによって、家族の笑顔を取り戻すことができました。

無条件に受け入れる

ここでは親にとって「育てにくい子」を受け入れる方法をお話しします。

「育てにくい子」とは、必ずしも身体障がいや知的障がい、発達障がいなどがあるだけでなく、親子の相性が合わない、わが子を受け入れがたい、これと言った理由はないけれどなんとなく苦手で扱いにくいというケースまで幅広い理由があります。

いずれにしてもお子さんが「育てにくい子」であった場合、こんなはずではなかったと次のお子さんをつくることを迷ったり、わが子が育てにくい、かかわりに問題があることが不幸の根源にしてしまう心の罠を解説して、わが子を受け入れるためのプロセスを説いていきたいと思います。

先ほどのIちゃんのお母さんのJさんから、「二人目をどうしようかと迷っています」というご相談を受けました。

「どうしてあんな子が私のところに生まれてきちゃったのでしょう。また育てにくい子が生まれるかもしれないと思うと、怖くて妊娠できません。上の子で苦労をしているのに、二人も育てられません。もしも妊娠をするのなら、絶対に出生前に障がいがないかどうか検査をして、もし可能性が高かったら、中絶します」

とムッとして言われました。

育てづらい子の育児は、親だけでなく兄弟姉妹にも負担がかかることが多いのです。お腹に宿った命を「いらない、産みたくない」と本心から思う人はいないはずですが、家庭環境や金銭問題、不安で妊娠を喜べずに出産ができない場合もあるので、出生前検査を受けるのか？　出産をするのかどうかは、それぞれが考えて決めることだと思うのです。

基本的に出生前診断には問題があると思っています。そもそも、いくら検査をしたところで、どんな子どもが生まれるのかは、生まれてみるまでわからないのです。目に見える障がいがなくても、内臓やコミュニケーションに障がいがあるかもしれません。障がいだけでなく、問題や悩みがまったくない子育てはありえないのですから……！

また子どもが生まれる前から、「こういう条件なら愛せる」と親が宣言しているようなものだからです。

それは条件付けの愛でしかありません。仮に障がいのない子が生まれても、そのような親の場合は子どもの成長にともなって、

「私の言うことを聞くのなら、かわいいのだけれど」

「成績がよければ愛せるのだけど」

と、子どもに次々と条件を出していくのが目に見えています。

さまざまな事情から子どもを養育できないときの結論が中絶だけというのではなく、産んでからの選択肢（里親その他）が増えることが望ましいと思います。

そして妊娠発覚後に悩む人には、「中絶をする選択肢と産む選択肢がある」とお

伝えしたいのです。そして出産後には「条件づけの愛」や「交換条件」で子育てをしていただきたくないと願っています。

たとえば、

「おっぱいを飲んでくれず、泣いてばかりで困っています。夜も寝ないので疲れてしまって、かわいいと思えないのです。こんな子は愛せません」

少し成長をしてからは、

「言うことを聞かないからかわいくない……」

「叩いたりおもちゃを取っていじめたりして、お友だちと仲良くできないのです」

「私を困らせるために生まれてきたの……!?」

その後は、

「性格がよくたって成績がよくなければダメなのよ……」

「お勉強ばかりしていないで、少しは何かをしたら?」

というように親の不満や欲求は絶えないのです。

たしかに育てにくい子を授かると、親は大変です。人によって家庭環境や生活状況も違いますから、検査を受けるのかどうか? または受けないのか? それぞれの責任で決めるのがベストな選択です。

私たちが親を選んで生まれてくると考えることで、自分の人生も自分で選んだのだと思えたならば、生きづらさが減るのではないのでしょうか。子どもたちは皆、お父さんやお母さんが大好きです。子どもたちが生まれてくることが、親に対して無条件の愛を示すことなのです。子育てを通して、お父さんやお母さん、そしてかかわるすべての人たちには、愛のレッスンをしながら、成長をするチャンスが与えられているのです。

自分にはできないことでも、ひとりではむずかしいことでも、子どもがいてくれるだけで助けてくれているのです。ありのままを認めて、子どもたちの真摯《しんし》な思いを受けとめることで、考え方や生き方の幅を広げられるのですから、素晴らしいではありませんか。

親になろうとする人は、「どんな子であろうと、私はこの子を産んで育てていく」という覚悟をもっていただきたいのです。

二人目の妊娠を迷っている方から、

「みどりさんは、次の子は健康だと思いますか」

と質問をされることがあります。

「なんとも言えませんが、もしご自身の考えを変えないのなら、ありのままの子どもを受け入れることを学ぶために、また上のお子さんのような子が生まれる可能性はあります」

と答えると気分を害されることがあります。

お母さんの「ちゃんとした子を産みたい」という願いが、子どもへの依存になっていることが、私は気になりました。赤ちゃんは、たしかにお母さんの役に立とうと思って生まれてきます。それは、お母さんの見栄や世間体のためではなく、お母さんの成長を助けるために、やってくるのです。

上のお子さんも、お母さんを苦しませるために生まれてきたのではありません。いまのお母さんが成長するために、もっともふさわしい子どもとして、お母さんのもとにやってきたのです。だから、それを受け入れてもらえないと、子どもは深く傷ついてしまいます。

子どもに障がいがあっても、家族みんながにこやかに暮らすことができます。

私の知っているお母さんに、五歳のダウン症の子を育てている方がいらっしゃいますが、**「私の人生、幸せです」**と、穏やかに語っておられます。

もちろん、最初からまったく葛藤がなかったはずはないでしょう。そのお子さんの場合、合併症もあるので、ご家族は「明日には死んでしまうかもしれない」という、不安と隣り合わせの毎日を過ごしています。

それでも、お母さんは、「せっかく私たちのもとに来てくれたんですから」とありのままのわが子を受け入れていました。

その子の表情や行動は特徴がありますが、絵の才能が素晴らしく、人の心を読みとるにも長《た》けています。

同じような特徴の子を育てている方に「どんなふうに育てたの？」と聞かれるくらい、落ち着いているのです。お母さんは、

「この子が生まれてから、家族みんなが成長しました。この子のいない人生は、考えられません」

と語っておられます。

育てにくい子をありのまま受け入れるということは多様性の受け入れでありそれは両親だけではなく家族の成長につながるのです。

手のかからない子どもはいない

そもそも子どもとは、障がいがあろうとなかろうと、手がかかり、いたずらで、わがままで、自分勝手で、言うことを聞かないものです。汚い言葉や汚いことも大好きです。だからこそ、親や周りの人が愛をそそぎ、手をかけ、時間をかけて、大切に育てなければならないのです。

子どもは愛や時間をかけられることで、愛されていることを実感し、成長していきます。手をかけたらわがままで甘えん坊の子になるというのは誤解です。愛や時間をかけた分だけ、早く自立できるようになるのです。

私がずっと気になっている女の子がいます。その子は一歳頃から、おもちゃやテレビを与えられて、放っておかれています。与えられたおもちゃを順番に手にとって、一時間でも二時間でも独りで過ごしているのです。

「この子はおもちゃさえあれば、一日中、独りで遊べる子なの。楽でいいけれど、女の子は活発じゃないから、つまらない」

とお母さんは言っていましたが、違います。手のかからない子どもは、いないのです。**その子は、手をかけないように育てられ、手がかからないふりをしているだけなのです。**

その子は自分のさびしさから目をそらすうちに、あらゆる感情をブロックして反応をしなくなっていたのです。

このケースは、**「サイレントベビー」**という社会問題を連想させます。

サイレントベビーとは、泣くことも笑うことも少ない、おとなしい赤ちゃんのことです。原因は、おもにお母さんとのコミュニケーション不足だといわれています。

赤ちゃんとのかかわり方がわからないお母さんが、赤ちゃんが泣いてもあやさず、話しかけないでいると、赤ちゃんは泣いても無駄だと思い込み、コミュニケーションをあきらめて、自分の気持ちを表さなくなってしまうのです。

戦後に一世を風靡《ふうび》した「泣いても抱っこせず、自立を促す」「おっぱいは時間を決めて与える」という育児法が、お母さんと子どもの絆《きずな》を断ち切ってしまいました。

赤ちゃんとのスキンシップの大切さが再認識されるようになってから時間が経《た》ちましたが、産科の現場では、いまだ分娩《ぶんべん》直後にお母さんと赤ちゃんを引き離してしまうなど、まだまだ理解が不足しています。

静かな赤ちゃんは自立しているのではなく、気持ちが内にこもっているのです。大人に都合のいい子どもにさせられているのです。それで子どもが健全な発達をとげるわけはありません。

子どもが思春期になって問題行動を起こし、「小さい頃は手がかからなかったのに」となげくお母さんはたくさんいますが、「手がかからなかった」のではなく「手をかけなかった」のです。

子どもとは「手がかかるものだ」という認識を、親になる人にはもっていただきたいのです。

親になるということは、命を引きうけることです。理想を言うなら、子どもを育てようとする人は、社会的に自立しているだけでなく、自分自身を見つめて、心の問題と向き合えるようであってほしいと願います。

とはいえ、そこまでの認識がないまま、親になってしまう人がほとんどです。子どもの問題がクローズアップされるのも不思議ではありません。

子どもたちの居場所をつくりたい

私が人生で学んできたことを多くの人に知らせて、笑顔を取り戻すお手伝いを続けていきたいと考えています。

深く傷ついてうずくまっていた私が立ち上がれたのですから、同じような立場や経験をした人が集まって、世の中のそうした子どもの状況を変えていけたら素敵だと思うのです。悲惨な事件や世の中の矛盾を憂えているだけでなく、少しずつですが行動に移しています。

まず、自死遺族のセルフグループの活動や子育てに悩むお母さんのわかちあいの場「子育てセラピー」、親子で学び愛をする「てらこや」、いじめ対策推進プロジェクトなども始めています。

行政の支援を受けて、各地で子育て支援が盛んになってきているのは、喜ばしいことですが、公の子育て支援で、インディゴチルドレンについて語られることはありません。

育てにくい子どもと向き合う親に、彼らに関する知識が圧倒的に不足していることは、大きな問題です。

正しい知識がないので、「こんなはずではなかった」「何かおかしい」「どうしたらいいのか」と悩みながら、解決方法を見つけられず、子どもと向き合えずに苦しんでいる方が、とても多いのです。

生きづらさをだれよりも痛切に感じ、苦しんでいるのはインディゴ本人です。

子どもは親を愛していますし、親も同じように子どもを愛しています。子どもたちは親の愛を必要としていますし、親であれば子どもの幸せを願います。わが子の不幸を願う親はひとりもいません。

ところが、**お互いに本心を伝えられず、わかりあえないために、「受け入れられていない」と傷つき、反発し、心を閉ざしてしまうのです。**

親子がお互いに自分の感情を見つめ、素直になるのなら、その関係は劇的に変わることがあります。けれど、インディゴは繊細な分、ひとたび関係がこじれてしまうと本人たちは、関係の修復を簡単にあきらめてしまいがちです。そして、もうがまんできないというところで、大爆発してしまいます。自分を抑えきれず、主張しないではいられなくなるのです。

鬱屈《うっくつ》した感情を、自分や人を傷つけることで表現するインディゴもいます。爆発しては自他ともに傷つき、さらに爆発して傷を深める。そんな繰り返しの中で、あきらめ、無気力になって、何もできなくなってしまう。**きらきら輝いていた瞳《ひとみ》から、光が消えてしまうのです。**

そんな子どもたちの苦しみを考えると、いたたまれない思いがします。だから私は、子どもたちがありのままでいられる拠《よ》りどころをつくっているのです。

インディゴチルドレンの才能を伸ばす

居場所とは、「ありのままの自分でいられる場所」のことです。現代社会で子どもをありのままに認めるというのは、シンプルなようでも、なかなかむずかしいようです。

居場所を見つけられないまま大人になってしまうケースも増え、そのために引きこもりやニートの問題が注目されているのではないでしょうか。

それについては、近年、ようやく一部の政治家が支援体制の必要性を認識し、活動が始まりましたが、それでも公的なサポートを受けられるのは、ごくわずかです。支援を受けられる基準も厳しく、苦しんでいる子どもがたくさんいるのです。今後、さらに支援の枠組みが広がっていくことを願っています。

池川先生から伺いましたが、フリースクールに通っている中高校生にインタビューをしたところ、

「親が自分に期待していることはわかるけれど、それに応《こた》えられない自分がいて、

学校に行けなくなった」
と答えた子どもが多かったといいます。

インディゴは、ほとんどの学校現場にある、他人を蹴落《けお》とす競争社会にがまんができません。**彼らが望んでいる社会と、現代社会はあまりにかけ離れているのです。**「社会に自分の居場所がない」と絶望し、不登校から、引きこもりやニートになってしまうのも無理はないでしょう。彼らにとって、「自分らしく生きる」ことは、いまの社会ではむずかしいことです。

ただし、インディゴは、特殊な才能に恵まれた子どもが多いようです。押しつけられる勉強は拒否しても、もともと知能指数が高かったり、音楽や美術といった芸術方面に才能があったり、機械が好きだったり、運動が得意だったりします。ですから、得意分野を伸ばすことができたら、理想的と言えるでしょう。

わが子がインディゴだと気づいたなら、独自の才能や個性を伸ばすことを心がけていただきたいのです。

どの分野に適性があるのかを知るには、**子どもを信頼してみましょう。子どもが興味をもつことを大切にして伸ばしていくと、才能が開花**します。

「叱るよりほめろ」「ほめて自信をもてるように育てる」とは、子育てでよくいわれる言葉ですが、インディゴにはとくに当てはまります。

ただし、彼らには、見極めも早いという特徴があります。

私が子どもの頃は、あれもこれもと、したいことがたくさんありました。けれど、一回試してみると、すぐに「もういい」とやめてしまうので、親からはいつも「あきっぽい」と叱られていました。

私にしてみれば、ちょっと試すだけで、すぐに自分の才能はどのあたりまでなのか、わかってしまうだけなのです。「そこそこまでいくけれど、もっと自分に向いているものがあるはずだ」と考えるので、無駄な時間は費やしたくなく、「もういい」とやめてしまうのです（見極め症候群と命名）。

ですから「途中でやめてしまったら、根性がつかないのでは」と心配する必要はありません。子どもの直観を信じ、無理強いしないほうが、のちのち子どものためになるのです。

一方、**本当に好きなことを見つけたインディゴは、素晴らしい集中力を発揮します。**二歳の子でも、食事もとらずに熱中するのです。

一般に、親は「オールラウンドにできる子どもになってほしい」と思いがちです。そこで、ある分野について突出していても、そこに目を向けるより、苦手なことを子どものうちに克服させたいと無理に詰め込んでやらせようとします。

たとえば、一日中、絵ばかり描いている子どもに、「ふつうと違う子」「変わった子」というレッテルを貼《は》って、「みんなと同じように外で遊んでいらっしゃい」「お絵かきだけじゃなく、絵本も読みましょうね」と、矯正するケースが多いのではないでしょうか。

苦手なことばかり注目されていると、子どもは自信をなくし、せっかくもっている才能もしぼんでしまいます。そんなふうに才能をつぶされてしまったのに、思春期を過ぎたとたんに、「あなたは企業で生きていくのは苦手そうだから、芸術方面で食べていきなさい」と言われたって、無理というものです。

親は、「こういう子どもであってほしい」という勝手な理想像を、押しつけてはいけません。そして、子どもの個性を見て、「したいことやできることを伸ばす」という姿勢で子どもと向き合ってください。

これは、インディゴにかぎらず、すべての子どもの子育てに当てはまる、子育ての基本なのです。

世界を変えるインディゴチルドレン

これから親になろうとする方や、子育て真っ最中という方、またはいま、この本を読まれているあなたにお伝えしたいのは、本当にシンプルなことです。

子どもには、「生まれてきてくれてありがとう」「かわいいね」「愛しているよ」と言葉に出して伝えましょう。

できるだけ笑顔で接してください。

生まれたての赤ちゃんを見つめるまなざしを、思い出しましょう。赤ちゃんが愛《いと》しくて、いつまでも見飽きずに、胸にわき上がったあたたかさと同じ思いや愛情を、子どもやあなた自身にそそいでください。

子どもが病気やケガをしたら、てんやわんやしながら、「あなたは大切な宝物」「あなたは、大切な存在なのよ」と言葉でも態度でも伝え続けてください。すると子どもは、自分だけでなく、ほかの人も大切にするようになるでしょう。

「大丈夫かしら、どうしたらいいの?」「私が助けてあげるから大丈夫よ」などという不安や依存につながる言葉は避けましょう。

そして、**親となる人がまず自分自身をいつくしんでください。**

自分の命も、かけがえのない命であることを、心から感じましょう。もし困難な生い立ちだとしたら、そんな状況を選んで生まれてきた自分の勇気を、ほめてあげてください。

すべての子どもが、人生の目的をもって生まれてきました。
すべての人が、幸せになりたいと望んでいます。

インディゴは、まず家庭に幸せをもたらし、それから世直しという自分のテーマを追求しようとしています。

世直しどころか、生きるのがつらすぎて、人生の目的を封印してしまうインディゴが多すぎます。何かのきっかけに思い出して、本来の自分に戻れるケースもありますが、その前にいわば「討ち死に」してしまう子どもが、非常に多いのです。

私がこれまで会ってきたすべてのインディゴは、口を揃えて**「人の役に立ちたい」**と言っていました。なかでも、困難を乗り越えたインディゴたちは「私のケースを本に載せて、みんなに知らせてください。苦しんでいる人たちを助けることができるなら、こんなにうれしいことはありません」と伝えてくれました。

多くの人が、**「人生って、もっと楽しいはず。自分がした苦労は、人にしてほしくない。自分の体験がだれかの人生の参考になり、その人がもっと幸せになれるのなら、自分の体験や人生にも意味がある」**と考えているのです。

インディゴたちのそういう真摯《しんし》なところが素晴らしいと思います。だからこそ、みんなに幸せになってもらいたいと強く願うのです。

そういう意味では、子どもをめぐる問題が表面化し、社会の注目をあびていることは、望ましいことかもしれません。

「いまの世の中はおかしい」「こんなやり方じゃダメだ」と、体を張って教えてくれている子どもたち。私たち大人は、その叫びに耳を傾けなくてはいけないのです。

精神世界では、これからの変革の鍵は、「日出ずる国」、すなわち「日本」が握っている、といわれています。変な選民意識ではなく、もし日本で、新しい生き方を広めることに成功するなら、それが雛形《ひながた》になって、きっと世界各地でも成功するでしょう。

残念ながら、「この世の中、どこか違う」と違和感を感じていても、何がどう違うのか、どうしたらいいのか見当もつかず、なす術《すべ》もなく長いものには巻かれろと流されてきたのが、これまでのほとんどの日本人ではないでしょうか。

だからこそ、私はインディゴの戦士の気性に期待をするのです。

彼らは、言われたことを丸のみにするのではなく、自分自身で考えて行動しようとします。

たとえば、コントロールが根底にある既存の学校システムになじめない、フリースクールに通うインディゴの中から、新しい教育や文化が生まれてくる気がします。

体制にはまらず、自分で自分を律していくインディゴが増えているのは、うれしい変化です。

インディゴは団結してひとつのことを成しとげるのは得意でないため、大きな流れとしては見えにくいかもしれません。性格的に一匹狼《いっぴきおおかみ》ですから、集まって組織をつくるということは、考えにくいのです。

けれど、ひとりひとりがそれぞれの場所で、よいと信じる行動をとっていくなら、全体としては望ましい方向に進むはずです。少なくとも、悪い方向にはいかないでしょう。なぜなら、インディゴは、自分や他人の尊厳をないがしろにして争ったりすることは基本的に嫌いなのですから。

いままでのように、型にはまった組織の中で身動きがとれず、あきらめながら生きていくのではなく、それぞれの人がそれぞれの場で活動していく中で、新しい社会が生まれてくるような気がします。

古い価値観に縛られた組織の中で、自分を失ったり、なくして働くのが美徳なのではありません。ありのままの自分を活かせる場所が求められているのです。

本来の自分を曲げるというのは、ジグソーパズルの一片を、違うところに無理やりねじ込もうとするようなもので、はみ出したり欠けたり、自分が苦しいだけでなく、結局は全体的にも、不安定で不自然になってしまいます。

自分の居場所を見つけたインディゴが増えたなら、輪郭が形成されて、だんだんとパズルの絵柄ができていき、新しい世界が生まれます。

そしてそのときこそ、インディゴが生まれてきた目的である「世界を変える」という使命を、達成できるのでしょう。

それは、だれもが自分らしく生き、お互いを尊重する、新しい世界です。

私は、インディゴのひとりとして、いつかそんな日が来ることを確信しているのです。

新版おわりに　インディゴチルドレンがかかわるすべての人へ

私の人生の目標のひとつとして「子どもたちの居場所をつくる」というビジョンがあります。でも「そんな大変なことは嫌だ、だれかがやってくれればいいのに」と逃げていましたが、最初は小さな歩みでもいいので、気づいた人から行動を起こさなくてはならないと覚悟を決めてからは、少しずつですが実践をしています。

まずは、親に理解されない子どもたちの居場所をつくりたいと考えています。生きづらさを抱えていても、そこで笑顔を取り戻せるような場所。最後の砦《とりで》でもいい。そんな居場所を用意したいと思い描いています。そしてそこで育った子どもがスタッフになって、後輩たちの面倒をみながら支えあっていける居場所をつくりたいのです。

「ありのままを受け入れてもらえる安心で安全な場所」で生きる力を取り戻し、やがて自分自身の中に安らげる居場所をもてるようになるでしょう。

八年前に出版をしたときの「おわりに」に書いた、私の思いを要約したのがいま読んでいただいた文章です。

私がお伝えしている「たいわ」を基本として育てている子どもたちを「たいわキッズ」と呼び、たいわキッズと親のための「てらこや」を八年以上前から開催しています。てらこやでは農業体験、季節ごとの催し、昔遊び、野外活動、苦手克服チャレンジプログラム、親子の気持ちを語りあうたいわカフェ、子ども食堂……さまざまな活動を通して、親子で参加する「たいわ実践行動療法」を基本に、日々の生活では気づけないことを体験しながらわかち愛、育て愛、育ち愛をしています。

高校生や中学生になった子どもたちもいて、心からの笑顔が増えて、皆が成長してきたので、二〇一七年のゴールデンウィークでは「子どもリーダー・スタッフ育成プログラム」として二日間のデイキャンプをしました。初参加の五歳児が二名いたのですが、六～十四歳までの子どもたち十一名と大人の総勢二十三名でワイワイ言いながら見守ったり、助け合ったりしながら、参加者のひとりひとりが楽しみながら自信をもって行動ができました。

組織づくりや運営が苦手でしたが、二〇一七年二月に一般社団法人日本たいわ協会を設立しました。

本書は「たいわ」でお伝えしていることをベースに書きましたが、「自分をあきらめずに、丁寧に大切に扱う。笑顔の選択をする」という「たいわやたいわ学」をより多くの方に知っていただきたくて、そして私の思いをつないでくださる「たいわ士」さんを応援したくて、日本たいわ協会を設立しました。

また、いままでひとりで取り組んで活動をしてきた「いじめ問題」も賛同者を得て、「いじめ対策推進プロジェクト」を発足させました。ここにはたいわキッズもかかわってくれています。

本当に少しずつですが、確実に目標が現実になりつつあります。

近年、子どもたちの居場所づくりが全国的に広がって、各地区に子育て拠点や子ども食堂が開設されています。親子や子どもの居場所づくりが組織立って行なわれているのは喜ばしいことです。これからは支援の内容の充実がより求められると思いますが、子どもたちの笑顔が増えることを望んでいます。

旧版にも書いたのですが、ある弁護士は、いじめをテーマにした劇を上演し、子どもの居場所を確保する必要性を呼びかけました。すると、賛同者が集まって、弁護士会を主体とする子どもシェルターが、設立されました。

弁護士の彼女は、家庭裁判所でかかわった子どもたちと接しながら、何もできない自分の無力を痛感したといいます。そして、「とにかくあなたには生きていてほしい」「そのままのあなたでいいのよ」という思いを原点に、子どもたちとかかわることにしたそうです。各シェルターには弁護士がひとりついて、家出してきた子どもたちを保護しており、各地に広げていく動きがあるようです。

このような活動は、いまの時代に、本当に必要とされていることだと思います。子どもの居場所づくりが組織立って行なわれていることは素晴らしく、今後に期待を寄せています。

もっとも、子どもをめぐる問題は根深いものです。シェルターの存在を知り、自分でそこに助けを求めることができる子どもは少なく、ほんの一握りでしょう。ある意味では、シェルターにたどり着ける子どもは、きわめて恵まれているのです。学校では、虐待やいじめ防止、ＳＯＳのパンフレットが配布されています。無料電話相談なども増えていますが、手をさしのべる活動があることにさえ気づけない子ども、大人を信頼できない子どもに、必要な支援や心あたたまる安全で安心な居場所を提供することは、むずかしい問題です。

私なりの方法を模索しながら活動を続けておりますが、皆が集《つど》えるフリースペース的な場所がないので、実現に向けて努力を続けております。

最後に、インディゴチルドレンを育てている親御さん、またはご自身が大人のインディゴという方に、メッセージを送りたいと思います。

＊＊＊

インディゴチルドレンを育てている方へ

お子さんを理解するのはむずかしいかもしれません。

親の言うことを聞いてくれないと、腹が立つことがあるかもしれません。

けれど、それがインディゴチルドレンなのです。


素晴らしいギフトを授かったと、喜んでください。

お子さんはそのままで、いまのままでも十分よい子です。

「よい子に育てたい」「思い通りに育てたい」と焦らないでください。コントロールしようとすると、敏感に感じとり、強く反発します。

「育てにくい子だ」「子どものくせに生意気だ」となげいたりグチをこぼしたりしないでください。

どなったり、無視をしないでください。

求めないで、与え続けてください。

心から信頼をしてください。

子ども自身に考えさせていただきたいのです。

お子さんはあなたを成長させるために、あなたのもとに生まれてきました。その子育ての過程が、あなたにとってかけがえのない宝物となります。

繊細で素晴らしい感性に恵まれていますが、その反面、傷つきやすく、あなたの愛を切望しています。

愛されていないと感じると、大きな挫折感《ざせつかん》を感じ、心を閉ざしてしまいます。それは、あなたが本心から望むことではないはずです。

インディゴのわが子のふるまいに悩んでいる親御さんに、おたずねしたいことがあります。

自分を振り返り、考えてみてください。もしかしてあなた自身が、インディゴチルドレンだということはありませんか。

インディゴの親御さんが、やはりインディゴだったというケースを、たくさん知っています。

もしそうだとしたら……あなた自身も、時代を変えようとしてやってきた、勇気あるチャレンジャーのたましいです。そんな自分を、認めて、抱きしめてください。


ご自身にたくさんの愛を、そそいでください。

そして、満たされた思いで、わが子をあらためて見つめてほしいのです。

思い通りにいかない子どもを見て、悲しんだり苛立《いらだ》ったりしないでください。

そこにはかつてのあなたがいるのではありませんか。

あなたはわが子に、ご自身を重ね合わせていませんか。

自分と同じまなざしや要領の悪さに、苛立っていませんか。

自分自身の未解決の感情や問題をわが子に重ね合わせて、どなったり、育児放棄をしていませんか。

過去を後悔し、将来を心配しすぎるあまり、大切な「いま」を生きていないのではありませんか。

現実を認めてください。

何も否定せずに、わが子のありのままを受け入れて、愛してください。

あなたも、子どもたちも、愛する存在だということを思い出してください。子どもたちは、あなたを苦しめようとしているのではありません。ただ、**あなたが忘れてしまった、大切なことを、思い出させてくれようとしているだけなのです。**

傷つき、挫折したまま大人になったインディゴチルドレンへ

この世にやってきたチャレンジャーのあなたへ……。

「どこにも居場所がない」となげき悲しむ前に、思い出してください。

あなたは独りぼっちではありません。

愛と感謝と祝福を思い出して、自分の心の中に居場所を見いだすことができるなら、この地上のどこにいたとしても、あなたがいまいる場所が、あなたの居場所になるのです。

「だれにもわかってもらえない」となげき悲しむ前に、思い出してください。

あなたがあなた自身を理解するのです。

本来のあなたを思い出しましょう。あなたは愛そのものです。自分を信じて、ありのままのあなた自身を認めて愛してください。

あなたは、安全で、守られています。

「生きづらい人生」となげいているだけでなく、あなたの感情を感じて「何をしたいのか」を思い出してみませんか……。そして、その思いを実現するための一歩を踏み出してください。それが、あなたの使命につながっていくのです。

ほら、愛と光に包まれて、きらきらと輝いているあなたの笑顔が、あなたにも見

えてくるはずです♪

＊＊＊

二〇一五年夏、子宮がんの手術を受けました。さらに元気になって活動をしたいという思いから決断をしました。そのときに甲状腺機能障がいとのどに二つの腫瘍《しゅよう》があることがわかり、経過観察中です。それらも含めてすべてが等身大の、ありのままの私自身なのです。

手術から二年が経ち、また新たな人生を歩みだしています……。

私の人生でかかわったすべての人と、この本を読んでくださったすべての方に愛と感謝と祝福を捧《ささ》げます。

「生まれてくれてありがとう」

たくさんのチャンスを与えてくださった池川明先生と奥様、いつもあたたかく見守ってくださってありがとうございます。

どんなに私が嫌な親でも、いつも私を許してくれた子どもたち、ありがとう。

私の愛する大切な家族、大きな心でたくさんの愛とゆるしと学びを与えてくれます。これからもよろしくお願いね。おかげで安心して仕事ができます。

私のいのちのバトンを受けついでくださる血縁を超えた家族のたいわファミリー、あんじゅと虹《にじ》のかけはしの出愛、そして旧版と今回の新版にかかわってくださった皆様とビジネス社の唐津隆社長に……。

「愛と感謝と祝福を贈っています」

追記　いまは亡き愛する両親へ
「お父さんとお母さんを選んで生まれてきてよかった。
私を生んでくれてありがとう」

解説　宇宙チルドレンに寄せて

――池川明（池川クリニック院長）

本書が世に出されたのは平成二一年のことでした。その当時はまだ「胎内記憶」という言葉はようやく世間にも少し知られるようになってきていた時代です。

胎内記憶は、胎内の胎児期の記憶を子どもが持っている現象を指しますが、いまでは子どもだけでなく、かなり多くの大人もそうした記憶を持っていることが知られてきています。胎内の記憶を調べていたのに、語られる内容は胎内だけではなく前世にまで及ぶことがあります。


私は東京で生まれ育っていたのですが、小学校二年生のときに、父親が横浜で開業することになり、横浜市金沢区で暮らしていました。

本書の著者南山みどりさんとの関係は、実はその頃から接点があったらしく、南山さんがご長女さんを出産なさったのが、なんと私の実家の産院だったのです。そのときにはまだお互いに将来このような赤ちゃんにかかわることで一緒にお仕事をすることになることなど、夢にも思っていませんでした。

父の開業している産院からさほど遠くない場所に新しく診療所を構えたのが平成元年のことです。そこで、ときどき受診しておられたのがみどりさんだったのです。南山みどりさんは普段「みどりさん」と呼んでほしいとおしゃられるのでここでも「みどりさん」と呼ばせていただきます。

しばらくしているうちに、胎内記憶があることを知り、また赤ちゃんと直接話せる人がいると気がついた頃に、みどりさんがたまたま受診していました。そのときに何かの拍子に「赤ちゃんとしゃべれる人がいるんだよね～」などと話していたら「私、できます」といわれてものすごく驚いたことを覚えております。

ちょうどその頃、予定日直前に死産した方がおられました。

ご本人とご家族はなげき悲しんでおられたのですが、こちらはかける言葉がないのです。
しかしどうしても説明のためにお話をしなければなりません。そこで赤ちゃんと話せる人がいると話したときに、家族の方がぜひ赤ちゃんの声を聞きたいとおっしゃったのです。

そこでみどりさんに死産した赤ちゃんとお話しできるか聞いてみたら、「できるかもしれません」と気軽に引き受けてくださったのです。そこで語られた赤ちゃんからのお話は、ご家族だけでなく、私も納得できる驚くべき内容でした。ここではそのことに触れるわけにはいきませんが、死産だけでなく、流産や場合によっては人工中絶で苦しんでおられる方にも、赤ちゃんの声を届けることをしばしばお願いするようになりました。

このような普段はしゃべることのできないものとコミュニケーションをとる方法をチャネリングと言ったり、ノンバーバルコミュニケーション（非言語コミュニケーション）と言ったりします。のちにみどりさんはこれを「たいわ」と名付け、だれでもできるようになるとの信念からたいわ士の育成を始め、ついに平成二九年二月二二日、一般社団法人日本たいわ協会を立ち上げるに至りました。

みどりさんが子どものときから体験していたり、感じていたことは本書に書かれています。医療の世界ではそのような現象を認めない立場のため、まずどのようなことが語られるのか興味も持ちません。ところが、聞いてみるとあまりにもおもしろい内容なので、どんどん話をお聞きしてみると、ちゃんと答えが返ってくるのです。とくに妊娠中に切迫流産や切迫早産で悩んでいる人たちの原因が、赤ちゃんを通して語られると、しばしば薬を使わずに状況が改善するのです。ですので、この現象は精神世界の話だけではなく、実用にも使えると考えております。

こんな話をみどりさんから聞きました。

自分の生まれる前に、どのようなところに生まれてくるのか、だれを親として選んでくるのか、それにはちゃんと目的があって、人生で起きるつらいことも、大変なことも、その乗り切り方、対処方法をわかって生まれてくる、というのです。

そこで、「人生全部わかっているとしたら、人生楽じゃないですか？」とお聞きしたところ「そうじゃないんです。何が起こるか覚えていても、その対処方法を忘れちゃったんです」という答えが返ってきたのです。

それは確かに大変そうです。そして実際にみどりさんの人生は大変だったようです。

親戚《しんせき》のおじさんがお金の無心に来ると「このおじちゃん、お金借りに来たんだよね」と本人の前で言ってしまう子どもだったそうです。親からすると扱いにくい子どもだったのに相違ありません。大人が押しつけてくる理不尽さに、自分は生まれてこなければよかったと思っていたそうです。

ところが私と出会ってそのような能力が実は人の役に立つと気がついたらしいのです。お産の現場は、いのちが生まれてくるだけではありません。産声を上げず、元いた世界に押し返されるいのちもあるのです。そんなときに、そのいのちの声を聞くことができたらどんなにいいか、と思っている人も多いはずです。それができるのです。

そんな特殊な能力を持った人が、どうやら一〇〇〇人に数人くらいは存在するようなのです。とくに妊娠中の人は、そのような能力がかなり高まり、いろいろな感覚が敏感に働く時期のようなので、普通の人もかなりノンバーバルコミュニケーションができるようです。

それからたびたび流産・死産などで赤ちゃんの声を聞き取るお仕事をみどりさんに依頼するたびに、多くの人が癒されていくという現象を見て、私のクリニックでみどりさんの講座を一般の方向けに開いていただきました、また生まれてきた赤ちゃんの声を聞き取るウェルカムセッションと名付けた一時間のみどりさんのたいわを、出産のプレゼントとして、平成二八年九月に出産を取りやめるまでに約一〇〇〇人の方に赤ちゃんの声をお届けしました。

最近では、日本たいわ協会のメンバーにお願いをして、妊娠中の赤ちゃんの音楽の好みを調査してもらったりしました。とてもおもしろい結果が出て、従来言われていたクラッシックが、必ずしも赤ちゃんの好みではないらしいこともわかってきました。これからは赤ちゃんにとって何がいいのか、大人の頭だけで考えるのではなく直接赤ちゃんに聞く、という方法も取り入れるようになればいいのに、と思っております。

本書の宇宙チルドレンは、主にインディゴチルドレンから始まる新しいタイプの子ども像を描いていますが、みどりさん自身がインディゴチルドレンそのものなのです。ですから生きづらさを抱えている子どもたち、ないしは大人になったインディゴチルドレンの気持ちがとてもよくわかるのです。本書がそうした人生で生きづらさを抱えている多くの人たちに支持されているのも、よくわかります。最近ではインディゴチルドレンとは別のタイプの子どもたちもたくさん生まれてきていて、従来の育児観をもつ人たちには、この新しいタイプの子どもたちを理解することはかなりむずかしいのではないかと思います。さらに言えば、新しい育児法や考え方を知らないと、子どもたちの能力をつぶしてしまう可能性が高いと思えます。

そのような混沌《こんとん》とした時代だからこそ、本書の役割は大きいのではないかと思います。
あくまでも人間には多様性があり、ひとつのことでは収まらないということを念頭に、いままでと違うこともあるというひとつのあり方を提示している本です。すべての子どもがそうだと言っているわけではありません。情報のひとつとしてお読みいただけるとよいのではないかと思います。

ぜひ新しいタイプの子どもたちがなぜ急速に増えてきて、何をしに地球に生まれてきているのか、心を寄せてみてください。そのことがまさに本書の伝えたいことなのだと思います。

平成二九年一〇月

【著者略歴】

南山みどり　（みなみやま　みどり）

1953 年神奈川県生まれ。たいわ士。ヒーリングスペース「天使の笑顔」代表、一般社団法人「日本たいわ協会 」代表理事、自死で子どもを喪った親の自助・他助グループ「あんじゅ」代表、自死で家族を喪った本人の会「虹のかけはし」代表、いじめ対策推進プロジェクト代表。たいわ士とは「あるがままを認めて愛する」「心と身体と魂からのメッセージを聞きながら…」身体の声を聞く『体話』､心と身体の調和をはかる『体和』、居心地の良い状態や状況を作る『態和』、赤ちゃんのメッセージを届ける『胎話』などさまざまな存在の通訳､愛と命のメッセンジャー。著書に『宇宙チルドレン』『わが子が育てづらいと感じときに読む本』（いずれもビジネス社)、『ママが「いいよ」って言ってくれたから、生まれてこれたんだよ』（ぜんにちパブリッシング）がある。

【解説者略歴】

池川　明　（いけがわ　あきら）

1954 年東京都生まれ。帝京大学医学部卒・同大大学院修了。医学博士。上尾中央総合病院産婦人科部長を経て、1989 年横浜市に産婦人科の池川クリニックを開設。平成元年から平成 28 年までの 28 年間で約 2700 件の出産を扱い現在に至る。

2001 年 9 月､全国の保険医で構成する保団連医療研究集会で『胎内記憶』について発表し､それが新聞で紹介され話題となる。母と子の立場に立った医療を目指し、胎内記憶・誕生記憶を世界に広める活動をしている。著者に『子どもは親を選んで生まれてくる』（日本教文社）は日本文芸アカデミー賞ゴールド賞を受賞。他にも『ママ、生まれる前から大好きだよ！』(学研)､『ママと笑いたくて生まれてきたよ』(学陽書房）など多数。

新・宇宙チルドレン

2017年 12 月 23 日　第 1 刷発行

著　者　南山みどり
解　説　池川　明
発行者　唐津　隆
発行所　株式会社ビジネス社
〒162－0805　東京都新宿区矢来町114番地
神楽坂高橋ビル5F
電話　03－5227－1602　FAX 03－5227－1603
URL　http://www.business-sha.co.jp/

〈カバーデザイン〉大谷昌稔
〈本文DTP〉茂呂田剛（エムアンドケイ）
〈印刷・製本〉モリモト印刷株式会社
〈編集担当〉本田朋子〈営業担当〉山口健志

ISBN978-4-8284-1997-8